ちくま学芸文庫

暗黙知の次元

マイケル・ポランニー
高橋勇夫 訳

UN263352

筑摩書房

暗黙知の次元【目次】

『暗黙知の次元』

THE TACIT DIMENSION

by

Micheal Polanyi

謝辞

私は、一九六二年のテリー講座に私を招聘したイェール大学に感謝申し上げる。本書はそのときの講義から発展させられたものなのである。本書の主題は、主任研究員としてオックスフォード大学マートン・カレッジに滞在していた数年間に形を成し、一九六一年にヴァージニア大学で行われた全学共通講義で初めて詳述されたものである。その後、私はパロアルトの行動科学高等研究所に滞在し、一九六四年にデューク大学で夏期講座を行い、一九六五―六六年に高等研究所の上級研究員としてウェスリアン大学に滞在した。本書の基になる諸理論をさらに発展させることができたのは、そうした滞在のお陰なのである。

私の考えにさまざまな意見を寄せ、そして豊かなものにしてくれた友人たちに感謝したい。ウェスリアン大学フィリップ・ハリー教授、カリフォルニア大学マージョリー・グレン教授、そして私の妻は、私の原稿に目を通し、多くの助言を授けてくれた。そのお陰で本書はずいぶん読みやすくなったのだと思う。索引も妻の手柄である。

科学史科学科長ハリー・ウルフ教授編『文化的力としての科学』(Johns Hopkins Press, 1964) 所収の拙論「科学と宇宙における人間の位置」から、引用を許可していただいた。ここに記して感謝申し上げる。

序文

本書は、二十年以上も前に始められたある研究に関する中間報告である。私の考えが初めて系統立てて述べられたのは、一九四六年の『科学、信仰、社会』においてであった。この著作の中で、私は科学を感覚的認識の一変種と考え、その考えを「科学と現実」、「権威と良心」、「献身か奉仕か」という三つの章に分けて展開したのである。一九五一年から五二年に行われたアバディーンのギフォード講座（一）では、私はこれらの主題を大幅に拡張して、動物と人間の生に根ざすすべての知《ナリッジ》の領域をその中に含めてしまった。その結実が『個人的知識』（一九五八）であり、その史書論的な補遺として出されたのが『人間の研究』（一九五九）という小さな書物であった。それ以来、私はこの研究を続けて、二十本ほどの論文を発表している（末尾の「関連文献」を参照されたし）。もちろん、それとは別に、未発表の文章が山をなしていることは言うまでもない。

本書は、この九年間で私がしてきた仕事を、本の形で初めて語るものである。これほど遅くなったのは、ひとえに希望と不安のせいであった。次の角を曲がればその向こうには新しい景色が見えるかもしれないという希望が、それまでの仕事に区切りをつけるという作業をためらわせ、またこうしたためらいは、自分たちの理論はもうすぐ時代遅れになるかもしれない、という不安を増幅させるものなのだ。

テリー講座の「メノン」に対する私の回答が正しかったと確信を持つまでには、三年の年月を要した。『化学工学報』（Vol. 44［1966］, No.17）に「創造的想像力」[*]という論文を発表して、この問題に最終的な決着もつき、私の気もやっと晴れたというところだ。また今にして思えば、問題を認識してそれを探求する私たちの能力について私がテリー講座で語ったことは、それよりずっと前に『科学、信仰、社会』において語られていたような気がする。さらに、暗黙知は知覚された対象を介して神経過程を感知するための方法だという、テリー講座での私の提案はためらいがちのものだったが、その提案も、最近出された『ブレイン』（Vol. 88［1965］, pp. 799-810）の「意識の構造」という論文では、ずいぶんと堅固なものになっている。

＊この論文は、一九六五年八月ボードン大学で開催された文化統合の基盤に関する研究会のために用意されたものであり、その報告「知識の統合に向けて」（『心理学の問題』）で発表される予定になっている。

したがって一九六二年のテリー講座は、私の思想的位置付けについて当を得た要約になっているのだ。本書において、そのときの講義Iと講義IIのテキストにはほとんど手が加えられていない。講義IIIについては、冒頭と最後の部分は本質的にはそのままだが、社会における科学的探求をさらに詳しく述べた部分が挿入されて、両者のつながりは一新されることになった。

『個人的知識』や『人間の研究』で到達した位置からこうした文章の内容を吟味してみると、暗黙知の構造を析出していくにつれて、掛かり合い《コミットメント》の必然性を説く私の主張が緩和されていったのが分かる。暗黙知の構造によれば、すべての思考には、その思考の焦点たる対象《コンテント》の中に私たちが従属的に感知する、諸要素が含まれている。しかも、およそ思考は、あたかもそれらが自分の体の一部ででもあるかのように、その従属的諸要素の中に内在化（dwell in）していくものなのだ。したがって、ブレンターノ（二）が説いたように、思考は必ず志向的になり、それのみならず、思考には、必然的に、思考によって統合されることになる基礎的諸要素が詰め込まれることになる。思考は「〜から〜へ from-to」という志向的構造を持つということである。

かように暗黙知の構造に基づく機能がさまざまあるということは、暗黙知が豊かな意義に満ちた思考の振る舞いであることの、証なのである。厳密に明示的な機能を並べ立てて知の本質と正当性を説明することは不可能なのだ。もっと深い掛かり合いの実例を引き合いに出すまでもなく、その不可能性は自明の理だと思われる。そう考えてくると、他の何かが視界に入ってくる。それは実存主義の明示的思考とは対極にあるものだ。従属的諸要素は、私たちが自分の体を利用するのと同じように、利用される。ということは、新しい思考は、ことごとく、実存的な掛かり合い《コミットメント》とみなされるということである。

かくして私たちは便利なモデルを手にしたことになる。私たちは、そのモデルを使って、（実存主義のように）人間の運命に関わる大問題などには言及しなくても、主たる実存的行為のすべてを再現することができるのだ。私は、本書で、たとえば次のようなことがらを検討することになろう。創造性が新しい価値を生むとき、それは、含意によって、暗黙のうちに生むことになる。つまり私たちは新しい価値を明示的に選択することはできず、新しい価値を創造したり採用したりという行為そのものを介してその新しい価値に従属しなければならない、ということだ。

私が明らかにしたのは以下のようなことがらである。すなわち私たちには、自分たちが真実として受け入れる「信念」を作るという、責任がある。その責任を回避しようとするいかなる企図も馬鹿げたものである。しかし虚無から信念を選択するという、実存主義の提唱もまた、今や馬鹿げたものであることは明らかなのである。私たちは自らが従属している実在《リアリティ》に奉仕する。そしてそのときに私たちが選んでいる基盤に立ってこそ、思考は命を吹き込まれるのだ。

ウェスリアン大学高等研究所

一九六六年四月

第I章　暗黙知

ご承知の向きもあろうが、私が哲学に手を染めることになったのは、科学者としての自分の過去に新たな光を当ててみようと考えたからなのである。私はまずこの転機がもたらされた理由を語りたいと思う。なぜなら、それはこの講義でこれから説かれるであろう全般的な構想について語ることにもなるからである。

私が哲学の諸問題に目覚めるきっかけになったのは、スターリン（一）時代のソビエト・イデオロギーにつまずいたことである。そのイデオロギーは、科学的探求に正当性を認めていなかった。私は、一九三五年、モスクワでブハーリン（二）と交わした会話をいまでもおぼえている。当時彼は、失脚と三年後の処刑に向かって崖を転がり落ちようとしていたのだが、依然として共産党の理論派を指導する立場には踏みとどまっていた。私がソビエト・ロシアにおける純粋科学について質問すると、彼は、純粋科学は階級社会の病的兆候なのだと言う。つまりブハーリンは、社会主義のもとでは、純粋科学、すなわち自己目的化された科学という概念などは消えてなくなるだろう、なぜなら科学者の関心は目下五カ年計画（三）が抱える諸問題へと自発的に振り向けられるだろうから、と述べたのだ。

自立的な科学的思考の存在自体を認めないこうした主張が、よりにもよって社会主義の理論家の口から出たことに、私は愕然とした。そもそも社会主義理論は、科学的必然性を言い立てることで、途方もない説得力を誇っていたはずではないか。どうやら彼らの科学観は、科学それ自体が存在する余地のない、機械論的《メカニカル》な人間観や歴史観を生み出していたようだ。その考え方は、思考が本来持っている力を完全に否定し、その結果、思考の自由を求める声にいかなる根拠をも認めないものだった。

私はまた、こうした精神の自己否定の背後には強力な道徳的動機があるのだ、と思った。機械的に進展する歴史が普遍的正義を実現する、と信じられていたのだ。世界的同胞愛を実現しようとして科学の懐疑主義《スケプティシズム》=無神論が信じようとしたのは、唯一、物質的必然性であった。かくして、懐疑主義とユートピア主義は一つに融け合って、新しい懐疑主義的狂信が出現するに至ったのである。

そのとき私は次のように思った。私たちの文明全体は極端な批判的明晰性と強烈な道義心の奏でる不協和音に満たされており、この両者の組み合わせが、まなじりを決した近代の諸革命を生み、同時に、革命運動の外部では、近代人の苦悩に満ちた自己懐疑をも生み出してきたのだ。そこで私は、こうした情況を作り出している原因を探求してやろう、と決心したのである。

この探求は私に人間の知《ナリッジ》に関する新しい考え方をもたらしてくれた。そしてその新しい知の概念から、思考と存在、ともに宇宙に根元を有するのだが、この両者が相調和する姿が見えてきそうなのだ。

私は人間の知を再考するにあたって、次なる事実から始めることにする。すなわち、私たちは言葉にできるより多くのことを知ることができる。分かり切ったことを言っているようだが、その意味するところを厳密に言うのは容易ではない。例をあげよう。ある人の顔を知っているとき、私たちはその顔を千人、いや百万人の中からでも見分けることができる。しかし、通常、私たちは、どのようにして自分が知っている顔を見分けるのか分からない。だからこうした認知の多くは言葉に置き換えられないのだ。しかし最近、警察が、この認知内容の多くを伝えることのできる装置を導入したという話がある。多種多様の鼻や口やその他の特徴を現す絵や写真の膨大なコレクションが作られたのだ。目撃者はそのコレクションから知っている顔の特性を選び出し、それらの断片が寄せ集められて犯人の顔にわりとよく似た顔が作り出されるのだという。これは次のことを示唆している。すなわち、私たちは、自己表現するための適切な手段を与えられさえすれば、誰かの人相についての認識をいずれは伝えることができるということだ。しかし警察がこの方法を使っても次の事実は変わらない。すなわち、私たちが、その方法以前に、言葉にできるより多くのことを確かに知っていた、ということである。それだけではない。私たちが警察の方法を用いることができるのは、自分が記憶している顔の特徴と、コレクションの中の特徴を、照合するやり方を心得ている場合に限られるのである。しかも私たちは、どういうふうにして照合したのか、言葉にすることはできない。まさにこうした照合のやり方こそ、言葉にすることのできない認識が存在することを示している。

常識的なものからより専門的なものまでさまざまだが、人の顔を認知するのと同じような形式で外観的特徴を認識する方法には、他にも多くの例が存在する。いかなる兆候によってそれを知ることになったのか、きわめて曖昧な言葉でしか説明できないのに、私たちは人間の顔に浮かぶ気分を察する。また大学の実習授業では、さまざまな病気の症例や岩、植物、動物の標本の見分け方を教えるために多大な努力が費やされている。すべての記述科学は、言葉で、いや、絵や写真によってすら充分には描写しえない外観的特徴を研究するものなのだ。

しかしまた、こうした外観を実習訓練によって教えることができるということは、その認知のありようを言葉で伝えることができるという証なのではないか？　答えはこうだ。教師の説明を理解しようとする生徒らの知的な協力が期待できて、初めてそれは可能である。たしかに、外面的な事物を意味する言葉を定義付けようとすれば、結局は、しかるべきものを指し示す以外にやりようはあるまい。この指示を伴う命名は「実物定義（ostensive definition）」と呼ばれている。もっとも、そうした哲学的表現を使うと、言葉と内容のギャップは包み隠されてしまうだろう。私たちが言葉が意味するものを伝えたいと思うとき、相手側の知的な努力によって埋めるしかないギャップが生じてしまうものなのだ。私たちのメッセージは、言葉で伝えることのできないものを、あとに残す。そしてそれがきちんと伝わるかどうかは、受け手が、言葉として伝え得なかった内容を発見できるかどうかにかかっているのだ。

ゲシュタルト心理学(四)によれば、ある対象の外形を認識するとき、私たちは感知している個々の特徴を、それが何とは特定できないままに、統合しているのだという。じつのところ、知に関する私の分析はこのゲシュタルト心理学の発見に密接なつながりを持っている。もっとも私の方は、「ゲシュタルト(形態)」とは申しても、これまで無視されてきた側面に注目することになるのだが。これまでのところゲシュタルト心理学が依拠する仮定は次のようなものだ。外形の認識は、網膜もしくは脳に刻印された個々の特徴が、自然な平衡を得て、生起する。しかし私の考えはそれとは逆なのだ。すなわち「ゲシュタルト」は、認識を求める過程で、能動的に経験を形成しようとする結果として、生起するものである。この形成《シェイピング》もしくは統合《インテグレイティング》こそ、私が偉大にして不可欠な暗黙の力とみなすものに他ならない。それによって、すべての知が発見され、さらにひとたび発見されるや真実と確信されるのだ。

かくして「ゲシュタルト」の構造は、暗黙的思考の論理として、理解し直されることになり、ついでテーマ全体の範囲や展望も変わることになる。今や、もっとも高度な統合の形式がこれまでにない注目を浴びることになるのだ。それは科学や芸術の天才たちが示す暗黙の力のことである。発見の方法としてはやや割り引かねばならないが、名医の診断をその次に挙げてもよい。さらに同じカテゴリーに入るものとして、芸術、運動、専門分野のさまざまな技量もあるだろう。ここで、より知的で、なおかつより実践的でもあるような「知る(knowing)」の実例を挙げよう。それはドイツ人の言う「知っている(wissen)」と「できる(können)」であり、ギルバート・ライル(五)言うところの「対象を知っている(knowing what)」と「方法を知っている(knowing how)」である。この二つの「知る」の側面は相似た構造を持ち、互いに他方がなくては存在しえない。それがとくに明らかなのは、巧みな検査と熟達した観察が深く兼ね備えられた診断技術の場合である。つまり私が「知る」というとき、それは実践的な知識と理論的な知識を二つながら意味しているということだ。したがって工具、探り棒、教師の指示棒などの使用も、「知る」の技術の実例と解することができるし、そのリストには、一種の言葉の指示棒としての、言語の表示的機能を付け加えることもできるだろう。

　このように考えると、ゲシュタルト心理学が主たる関心を向ける知覚(perception)は、暗黙的認識の形式としては、もっともみすぼらしいものに思えてくる。あとで示すように、そうした知覚は、人間の高度な創造的パワーと、知覚作用で浮き彫りになる身体的過程とを、橋渡しするものなのである。

最近の心理学の実験の中には、知《ナリッジ》が暗黙のうちに形成される中心的メカニズムを、それぞれ独自に明らかにしたものが幾つかある。商業広告の悪魔的装置を解明するこうした実験については、お聞き及びの向きも多かろう。実際のところ、それは、ある二つの事物の関係を感知する能力を実証するための、初歩的な実験にすぎないのである。その二つの事物とは、その両方ともを私たちは知っているのだが、一方しか識別することのできないもののことである。

一九四九年にラザルスとマックリアリによって定められた例にならって、心理学者たちはそうした能力の活動を「閾下知覚（subception）」過程と呼んでいる。(1) この二人は被験者に多数のでたらめな綴り字を見せ、いくつかの特定の綴り字を見せた後では電気ショックを与えた。間もなく被験者は「ショック綴り字」を目にするだけで、電気ショックを予期しているような兆候を示すようになった。ところが訊いてみると、被験者はどれが「ショック綴り字」なのやら見分けがまるでついていないのだ。たしかに彼は、いつ電気ショックがやってくるのか分かるようにはなっていたが、自分がどうしてそれを予期できるのか説明はできなかった。彼は、私たちが自分たちにも説明できない、さまざまな徴によって人を見分けるときに用いるのと類似した認識方法を、修得していたのである。

一九五八年にはエリクセンとクーゼが、これと同じ現象を別な形で実証している。(2) 彼らは、被験者が特定の「ショック語」に関連する事柄を何げなく口にしたときに、必ずショックを与えるようにした。間もなく被験者はショック語に関係する言葉を口に出さなくなり、ショックを出し抜くことをおぼえてしまった。ところが訊いてみると、彼はショックを出し抜くために自分がやっていることに自覚的ではないようだった。つまり被験者は、実践することを心得てはいたが、どういう具合に自分がそれをやってのけたのか、説明はできなかったのである。この種の閾下知覚はある種の技能《スキル》の構造を持っている。というのも技能とは、自分でもよく分からないさまざまな関係に照らしながら、何とも特定しようのない個々の筋肉運動を、統合するものだからだ。

こうした一連の実験は、「人は言葉にできるより多くのことを知ることができる」ということの意味を、もっともよく明らかにするものだ。知ってはいるのだが説明することのできない事柄を語ろうとすると、とかく自己矛盾だと言われがちなのだが、このように実験的な条件を整えておけば、そうした嫌疑を受けずに済む。つまり被験者と観察者による役割分担が、あらぬ疑いを寄せ付けないのだ。実験者は被験者が自分では説明のできない、ある知識を有している事実を観察する。他方、いかなる被験者も、持っているのに説明のできない知識については黙して語らない。

以上のことより私たちは次のような結論にたどり着くだろう。前述の二つの実験で、閾下知覚は電気ショックによって引き起こされていた。最初の実験では、被験者は特定の無意味な綴り字を見せられたあとにショックを与えられることで、電気ショックが与えられる機会を予期するようになった。二番目の実験では、被験者は、特定の事柄に関連する言葉はショックを誘発する恐れがあるというので、その種のことは口にすまいとするようになった。いずれの場合でも、ショックをもたらす具体的な点については、何も語られぬままであった。被験者はショックを誘発する源を特定できないのに、それについての自分の感覚を信じて、電気ショックを予期していたのである。

ここに暗黙知の基本的な構造がある。それはつねに二つの事態を、いや二種類の事態を必要としている。暗黙知のための二つの条件と呼んでもいい。前述の実験では、ショックを呼び込む綴り字と連想が第一の条件を形成し、それに続く電気ショックが第二の条件であった。被験者は、この二つの条件を連結することを学習してしまうと、ショック綴り字を見ただけで電気ショックを予期したり、ショックを回避するためにショックを誘発する連想を自ら禁じるようになったのである。どうしてこの連結は意識に昇らずじまいになったのか？　たぶんそれは、被験者が電気ショックにばかり気を取られていたせいである。(六)被験者は、電気ショックに関わる範囲内でのみ、ショックをもたらす個々の諸要素を感知し、それにしたがって反応したのである。彼は、電気ショックを監視する目的で、そうした個々の諸要素を感知し、それを信じるようになったのだろう。

かくして私たちは、暗黙知を形成する第一と第二の条件について、その論理的関係の基本的定義を得たことになる。それは二種類の知識を結びつけるものだ。私たちは、第二の条件たる電気ショックについては、ちゃんと注意を払って認識する、つまり、このとき私たちは自分が認識している内容を具体的に知っている。ところがショックをもたらす個々の諸要素について知るのは、個々の諸要素それ自体ではなく、それとは別の電気ショックに注意を向け、その結果感知されたものを信じているからにすぎない。つまり、私たちがショックを誘発する個々の諸要素そのものについて直接知ることはなく、ただ暗黙のうちに知るしかないのだ。こうして私たちは、それが何とは特定できないまま、ショックを誘発する個々の諸要素を知覚するようになる。これが暗黙知を構成する二条件の機能的関係である。すなわち、私たちが第一条件について知っているとは、ただ第二条件に注意を払った結果として、第一条件について感知した内容を信じているということにすぎないのだ。

自由意思に関する著作のある箇所で、オースティン・ファラーは、他のことに向かって注意を払う（attend to）ためにある事物から注意を逸らす（disattend from）場合について、論じている。私はこの表現をもじって次のように言おう。暗黙知が機能しているとき、私たちは何か別なものに向かって注意を払うために、あるものから注意を向ける（attend from）のだ。言い換えるなら、暗黙的関係の第一条件から第二条件に向かって注意を払うということだ。この関係の第一条件が私たちにより近しいものであり、

第二条件はより疎遠なものであることが、そのうち多くの点で論証されるだろう。解剖学の用語を用いるなら、第一条件は「近位」であり、第二条件は「遠位」であると言えよう。いずれにしろ、私たちが説明はできないかもしれないが知っているというのは、近位の条件の方に他ならない。

　これまでに分かったところを人相の問題に当てはめて言えば、次のようになるだろう。私たちは、その人らしい顔の外観に注目しようとして、顔の個々の特徴を感知し、その感覚を信じて判断している。私たちは顔の諸部分から顔に向かって注意を払っていくのであり、それゆえ、諸部分それ自体については明確に述べることができなくなってしまうらしい。技能の場合も同様のことが言えるだろう。私たちは、技能の遂行に注意を払うために、一連の筋肉の動作を感知し、その感覚に依存している。私たちは、小さな個々の運動からそれらの共同目的の達成に向かって注意を払うのであり、それゆえ、たいていは個々の筋肉運動それ自体を明らかにすることはできないのだ。暗黙知の「機能的構造（functional structure）」とはこうしたことを言うのだろう。

　しかしここで一つの疑問が浮かぶ。特定の綴り字を見せられたらそのあとにはショックが来るのだと予想するようになったとき、実験的環境の「現象《アピアランス》」――でたらめな綴り字と電気ショックからなる――に、何らかの変化が生まれはしないのだろうか？　たしかに変化は生まれる、しかも捉えがたいほど微細な変化が。初めのうちは漠然と小止みなくショックを予想し続けていたのが、やがて大きなうねりをもって予想するようになる。つまり突然に鋭い予感に襲われるかと思えば、またぼんやりとした予感に戻ったりするのだ。したがって次のようなことが言えるだろう。私たちは、ショック綴り字と他の綴り字をはっきりと見分けるようにはならないとしても、それが呼び起こす不安によって、ショック綴り字が面前にあるのを感知するようになるのだ。言い換えるなら、私たちは、自分が注意を集中していることがら、すなわち電気ショックが来そうだという予感を介して、ショック綴り字が視野にあるのを感知しているのである。これを人相などの外観の問題に当てはめると、私たちは、自分が注意を向けている外観を介して、その細部の特徴を感知している、ということになる。ある技能が実践されている場合でも、私たちは、自分の注意が向けられている技能の手際を介して、個々の筋肉の動作を感知しているのである。これを一般化して言えば次のようになる。私たちは、暗黙的認識において、遠位にある条件の様相《アピアランス》を見て、その中に近位の条件を感知する。つまり、私たちは、A（＝近位項）からB（＝遠位項）に向かって注意を移し、Bの様相の中にAを感知するのだ。これは暗黙的認識の「現象的構造（phenominal structure）」とでも言うべきものだろう。

ところで暗黙知における二つの条件の関係は、暗黙知の機能的側面と現象的側面を結びつけるものなのだが、そこには重要な意義がひそんでいる。特定の綴り字が電気ショックを予期させるとき、それは、その綴り字がショックの接近を意味している、と言える。ショックの接近はその綴り字の「意味」なのである。だから次のようにも言えることになる。ショック綴り字が、どれとは特定されないまま、私たちの身内に不安を呼び起こすとき、私たちはただ「意味」によってのみ、それらの綴り字を認識する。私たちの注意が向けられるのは、まさに綴り字の意味に他ならないのだ。ショック綴り字から様相《アピアランス》（＝電気ショック）に向かって私たちは注意を移動させるのだが、それはショック綴り字の意味を介してのことなのである。

この意味では、いかにもその人らしい人相（＝様相）は、目、鼻、口など、その人の顔の諸部分の意味なのだといえる。実際、私たちが、人相はその人独特の雰囲気を醸し出すものだ、と言うとき、伝えたいのはそういうことなのだ。つまり、人相からその人が誰であるかを判断するとき、結局私たちは、目鼻立ちを感知して、その感触に依拠しながら、目鼻立ちの意味の合計に注意を払うことになる。こういうやり方はずいぶん回りくどいものに思われるかもしれない。なぜなら、顔の諸部分の意味は、他でもない、諸部分が据えられている場所で見て取れるのであり、したがって、頭の中で諸部分をその意味から切り離そうと考えるのは困難だからだ。それでも、諸部分（＝目、鼻、口、……）と意味（＝人相）が別個のものだという事実に変わりはない。なぜなら、顔の諸部分を個別にはっきりと言えなくても、私たちは人相を認識することができるからだ。

意味がその意味を有するものから分離されていく事態をより明確にするために、洞窟を探検する際に「探り棒」を使ったり、盲人が「杖」で叩きながら道を探り歩くときの様子を参考にしてみよう。というのも、これらのケースでは、二つの意味の違いが大きく、さらにその意味の違いが段階を踏んで生じていくプロセスが観察されるからである。初めて探り棒を使う者は誰でも、自分の指と掌にその衝撃を感じるだろう。しかし、探り棒や杖を使って行く手を探るのに慣れるにつれて、手に対する衝撃の感覚は、杖の先端が探りの対象に触れている感覚へと変化していく。かような具合に、ある種の翻訳的努力のおかげで、無意味な感覚が有意味な感覚に置き換えられ、もともとの感覚から隔てられていくのだ。注意を注いでいる探り棒や杖の先端に宿された意味にしたがって、私たちは自分の手に伝わる感覚を感知するようになる。道具を使うときも同じである。私たちは、道具を使用して得られた出来栄えを介して、道具の感触が意味するものに注意を傾けるのだ。これを暗黙知の「意味論的側面（semantic aspect）」と呼ぼう。おしなべて意味とは私たち自身から遠ざかっていく傾向があり、私が暗黙知の二つの条件を表すのに「近位的」と「遠位的」という用語を使った理由も、これでひとまず納得されようというものだ。

これまで私が定義付けを行ってきた暗黙知の三つの側面――機能的側面、現象的側面、意味論的側面――から、私たちは四つ目の側面、すなわち「暗黙知は何を認識するものであるか」を教えてくれる側面を推論することができる。それは「存在論的な(ontological)」側面ということになろう。暗黙的認識とは、二つの条件の間に意味深長な関係を樹立するものであり、したがって、そうした二つの条件が相俟って構成する包括的存在（comprehensive entity）を理解することだ、とみなして構わないだろう。かくして、近位的条件とはこの「存在」の個々の諸要素のことであり、すると、私たちがその存在を包括＝理解《コンプリヘンド》できるのは、そうした個々の諸要素が合同してできた意味に注目しようとして、その諸要素を感知し、その感覚に依拠するからなのである。

この分析は視覚の事例に適用することも可能であり、しかも興味深い結果が得られる。生理学者らははるか以前に次のことを立証済みである。人が対象を見るときの見方は、その身内に生起する特定の努力、しかも当人にはそれ自体として感じることのできない努力を感知することによって決まる。私たちは、注目している対象の位置、形、運動を介して、そうした、自分の身内で進行している事態を感知する。言い換えるなら、そうした内部のプロセスから外部の対象が有する諸性質に向かって注意を移動させているのだ。この諸性質は、身体的プロセスが私たちに示す「意味」なのである。こうした、身体的経験が外部の対象の知覚へと転位される事態は、意味が私たちから転位していく事例であり、すべての暗黙的認識において、ある程度は出現する事態なのである。

それでも、対象に関する知覚へと転位される身体内の「感覚」は、道具や探り棒の活動へと転位される「感触」とは別物だという意見もあるだろう。なぜなら、前者の場合、転位に先立ってそれ自体が感知されることは、まずありえないからだ。こうした疑念に対する答え——もしくは、少なくとも部分的な答え——は、閾下知覚から閾下刺激へと範囲を拡げた実験に見出される。ヘッファーラインとその協力者たちは次のような観察を行っている。まず被験者本人には自覚されない——しかし百万倍に増幅された活動電流(七)によって外部からは観察できる——無意識の筋肉痙攣が起こると、不快な騒音が止む、という状況を作る。すると、やがて被験者は痙攣を起こす回数を増やし、ほとんど騒音が出ないようにしてしまったのである。(3) ここに見られるのは、私たちがまったくコントロールすることもそれ自体として感じることすらもできない体内の運動に、暗黙知が影響を及ぼしているという事態である。私たちは、騒音が止んだという事実を介して、ようやく暗黙知の作用を感知し始める。私たちは外界の対象を知覚するとき、身体内のさまざまな無意識の作用《プロセス》を感知するのだが、この実験結果はその過程《プロセス》と酷似している。

知覚にも、探り棒の使用や閾下知覚の過程で見出されるのと同様の、感覚の転位があると考えられる。そうした見解を裏付けるのは以下の事実である。すなわち、外界の対象を見る能力は、探り棒が巧みに操られ閾下知覚が絶妙に作用するときと同じように、難儀な学習のプロセスを経て獲得されねばならない。

近代の哲学者たちは、知覚は投射（projection）を含まないと主張してきた。なぜなら、知覚された対象の属性に投射したはずの観察者の内的な作用を、当の観察者自身が前もって自覚することがないからなのだという。しかし私たちはすでに、まさにこの種の投射が、暗黙的認識のさまざまなケースで存在していることを、立証してきたはずである。それだけではない。私たちが、最初の段階でこの内的な作用それ自体を自覚することはないという主張が、どうにも的外れに思われるのだ。したがって、思い切って暗黙的認識の範囲を拡大し、そこに大脳皮質上の神経組織の変化をも含めてみよう。つまり、脳内で進行している出来事に、ヘッファーラインの実験の被験者によって操作されていた無意識の筋肉の痙攣、あれと同じような役割を与えようというのだ。*

*こうした仮説は、視覚像やその他の意識状態が、神経系の作用とどのように連動して生起するかを説明するものではない。私は、ただ、次のような原理を適用しようと考えているだけなのだ。すなわち、身体内の何らかの作用が私たちに意識を惹起するときにはいつも、暗黙知は、いま自分が注目している経験を介して、その作用を理解する。

かくして私たちは、私が初めて知覚を暗黙知の一例だとほのめかしておいた地点に舞い戻ることになる。私は次のようなことを言ったのだった。私たちは、身体的過程が知覚に関与するときの関与の仕方を解明することによって、人間のもっとも高度な創造性を含む、すべての思考の身体的根拠を明らかにすることができるだろう、と。さらにこの考えを敷衍してみよう。

私たちの身体は、それが知的なものであれ実践的なものであれ、すべての外界の認識にとって、究極の道具である。私たちは、目覚めているときはいつも、外界の事物に意識を向けるために、そうした事物との身体的接触を感知し、その感知に依拠しているのだ。私たちの身体は、私たち自身が普段は決して対象として経験することはないが、身体から発して意識される世界を介して経験する、この世で唯一のものである。私たちが自分の身体を外界の事物ではなく、まさに自分の身体として感じるのは、このように自らの身体を知的に活用しているお陰なのである。

　外界の事物を叩く道具や探り棒の先端の感触を、私たちがどのようにして感じ分けることができるようになるかについては、これまで縷々述べてきたところだ。サミュエル・バトラー（八）が言ったように、私たちは、こうした事態を、道具や探り棒が付属的な感覚器官に変じたものだと考えることもできる。しかし私たちは、外部にある事物に意識を向けることによって自らの身体を自覚するのだ。それを思うと、私たちが自らの身体について抱く感覚に関して、もう少し広い見地からの一般化が可能かもしれない。私たちが自らの身体を活用するときと同じように、あるもの（A）を、そのあるもの（A）から発して別のあるもの（B）へと意識を向けるために利用するときはいつでも、そのあるもの（A）は別な姿になっている。それは、身体から注目が移っていく外部の事物を介して自らの身体を感じるのとちょうど同じように、それ自身（A）から注意が向かう対象（B）の姿を借りて、現出するのだ。この意味では次のように言い換えることもできよう。暗黙的認識において、ある事物に近位項（A）の役割を与えるとき、私たちはそれを自らの身体に取り込む、もしくは自らの身体を延長してそれを包み込んでしまう。その結果として、私たちはその事物に内在する（dwell in）ようになる、と。

この一般化の全貌については、今はただヒントを与えることしかできない。でも次のことを想起すれば、おぼろげながらもその範囲は察しが付くだろう。十九世紀末、ドイツの思想家たちは、「内在化（indwelling）」もしくは「感情移入（empathy）」が、人間や人文諸科学を認識するための適切な方法だと仮定していた。とくに私はディルタイ[4]とリップス[5]の名を挙げておきたい。ディルタイは、ある人の精神はその活動を追体験することによってのみ理解されうる、と説いている。またリップスは、審美的鑑賞とは芸術作品の中に参入し、さらに創作者の精神に内在することだと述べている。私が思うに、ここでディルタイとリップスは、人間と芸術作品を理解するために応用される、暗黙知の目覚ましい一形態について述べているのだ。しかも、それがただ内在化によってのみ果たされるのだと語っている点は、当を得たものだ。しかし暗黙知に関する私の分析に照らすと、それが人文科学と自然科学を截然と区別するものだと説いたのは、彼らの誤りであった。暗黙知の構造に由来するものとしての内在化は、感情移入などよりはるかに厳密に定義される行為であり、かつて内在化の名のもとに呼ばれていたものをも含む、ありとあらゆる観察の下地をなすものなのだ。

内在化の広範な働きを示す例をもう一つ挙げてみよう。たとえば私たちは、道徳教育の浸透を「内面化（interiorization）」と呼ぶことがある。内面化するとは、自己と当該の教育内容を同一化することである。このとき道徳的な暗黙知が作動し、現実の教育内容は近位項としての機能を果たしている。これこそ、私たちが道徳的な行為と判断を行うときの暗黙的枠組みなのである。さらにこの種の内在化は、科学的実践において、それと論理的に相似した行為の中にも、その痕跡をとどめている。自然を理解するために何らかの理論に依拠するとは、それを内面化することなのである。なぜなら、私たちは理論から、その理論の観点で見られた事物へと、注意を移動させ、さらに、そうした具合に理論を活用しながら、理論が説明しようと努めている事物の姿を介して、理論を感知しているからである。これこそ、数学理論が、自らを実際に応用することでしか修得されえない理由に他ならない。つまり理論を真に知るための鍵は、それを実践する私たちの能力の内にあるということだ。

暗黙知を内在化と同一視すれば、それは暗黙知の概念において重視すべき場所が移動することを意味する。そもそも私たちは、暗黙的認識を、私たちが語れる以上の事柄を知るための方法として、心に描いたのだった。私たちは近位項と遠位項という暗黙知を構成する二つの条件を識別して、さらに、近位項から遠位項へと注目が移動し、その結果、目下の注目の対象たる「統一性を持った存在」へと「個々の諸要素」が統合されていく様子を、認識したのだった。私たちは、諸要素それ自体に注意を向けるわけではないので、それが何であるかを識別することはできなかった。しかし、いまもし諸要素の統合を内面化とみなすなら、それはこれまで以上に積極的な様相を帯びることになる。今や内面化は、ある種の事物を暗黙知における近位項として機能させるための手段になるのだ。その結果、事物をそれ自体として注視する代わりに、私たちは、事物が構成する包括的存在との関係において、事物を感知するのだ。そう考えると、次の点もよく腑に落ちてくる。つまり、事物が統合されて生起する「意味」を私たちが理解するのは、当の事物を見るからではなく、その中に内在化するから、すなわち事物を内面化するからなのだ。

もうご理解いただけるだろうが、あけすけな明瞭性は、複雑な事物の認識を台無しにしかねないのだ。包括的存在を構成する個々の諸要素を事細かに吟味すれば、個々の諸要素の意味は拭い取られ、包括的存在についての概念は破壊されてしまう。そうした事例は多くの人が知るところだ。ある言葉を数回繰り返し、その際、舌と唇の動きを注視し、発せられる音にも注意深く耳を澄ましてごらんなさい。ほどなくその言葉はうつろに響き、やがて意味を失ってしまうだろう。ピアニストは、自分の指に注意を集中させたりすると、演奏動作が一時的に麻痺することもある。倍率の高い虫眼鏡で部分を念入りに眺めたりすると、全体の模様や人相を見損ないかねない。

もっとも、こうした意味や全体像の破壊は、個々の要素をもう一度内面化し直すことで、修復が可能だろう。言葉が適切な状況下で再び発せられ、音楽に集中したピアニストの指が再び躍動し、人相の個々の特徴や模様の詳細がある距離を保って眺め直されるなら、それらはみんな息を吹き返し、自らの意味と自らの包括的な関係を回復させるだろう。

さりとて、この修復が決して初めの意味を回復させるものでないことは、肝に銘じておかねばならない。意味の修復は、初めの意味に改良を施すことがあるのだ。ややもすれば技能を麻痺させかねない動作研究も、練習によっては、技能を改善させることもあるだろう。テキストを切り刻む精読は鑑賞を台無しにしかねないが、テキストを以前よりはるかに深く理解するための材料を提供する可能性もある。こうした事例では、部分を念入りに吟味するのは、ただそれだけでは意味を破壊する行為なのだろうが、次の段階の統合へ向かうための道しるべとして寄与し、ひいてはより正確で厳密な意味をもたらすのだ。

しかし部分を事細かに詮索することで被るダメージは、取り返しのつかぬものにもなりかねない。くだくだと細かいことばかり言い立てていると、歴史や文学や哲学の主題などは忘却の彼方にかすんでしまうだろう。もう少し一般的な言い方をすればこうだ。個々の諸要素はより明白なのだから、それらをちゃんと認識すれば、事物全体のほんとうの姿を捉えることができる、と信じ込むのは根本的に間違っている。

もちろん、個々の諸要素を暗黙的に再統合することが、注意を集中させることで破壊された意味を回復させるための、唯一の方法ではない。多くの場合、各要素間の関係を明示的に述べると、破壊的分析が包括的存在に与えるダメージは緩和されるのだ。そうした明示的統合が実現可能な場合には、それは暗黙的な統合などよりはるかに広い領域をカバーするものになる。機械を例にとってみよう。それがどんな仕組みで動くのかを知らなくても、私たちは機械を巧みに操るすべを学習することができる。しかしエンジニアによる機械の構造と操作の理解は、それよりもずっと深い地点にまで達する。私たちは自分の身体について実際的な認識を持っているが、理論をわきまえた生理学者の認識はずっと多くのことを語ってくれるだろう。韻律学上のルールを心得ていれば、詩のように繊細なものの理解もぐっと深まるというものだ。

しかしこれまでの実例ではっきり分かるように、一般に、明示的統合が暗黙的統合に取って代わることはできない。自動車の理論を徹底的に学習したからといって、一人の運転手の技能に取って代わられるものではないのだ。私が自分の身体について承知していることは、それについて生理学が語るものとはまったく異なるものだ。また、押韻や作詩法上のルールは、そうしたルールなど何も知らない私に詩が語りかけたものを、教えてくれるわけではない。

かくして、私たちはきわめて重大な問題のとば口に立つことになる。世に謳われた近代科学の目的は、私的なものを完全に排し、客観的な認識を得ることである。たとえこの理想にもとることがあっても、それは単なる一時的な不完全性にすぎないのだから、私たちはそれを取り除くよう頑張らねばならないということだ。しかし、もしも暗黙的思考が知《ナリッジ》全体の中でも不可欠の構成要素であるとするなら、個人的な知識要素をすべて駆除しようという近代科学の理想は、結局のところ、すべての知識の破壊を目指すことになるだろう。厳密科学が信奉する理想は、根本的に誤解を招きかねないものであり、たぶん無惨な結末をもたらす誤謬の原因だということが、明らかになるだろう。

暗黙的認識をことごとく排除して、すべての知識を形式化しようとしても、そんな試みは自滅するしかないことを、私は証明できると思う。というのも、ある包括的存在、たとえばカエルを構成する諸関係を形式化するためには、まずそのカエルが、暗黙知によって非形式的に特定されていなければならないからだ。実際、そのカエルについて数学的に論じた場合、その数学理論の「意味」は、相も変わらず暗黙的に認識され続けるカエルと、この数学理論との、持続的な関係の中にあるのだ。さらに言えば、数学理論をその理論の主題（＝カエル）に関係づけるという行為自体が暗黙的統合なのであり、その種の統合を、すでに私たちは、対象を指示する表示的言語の振る舞いを検討した際に認めている。また、ある理論について真の認識が初めて確立されるのは、それが内面化され、経験を解釈するために縦横に活用されるようになってからだということも、すでに私たちは検証済みである。それゆえ、数学理論は、ひたすらそれに先立つ暗黙的認識に依拠して構築されるしかなく、暗黙的認識という行為の内部でのみ理論として機能しうるのである。ちなみに、この際の暗黙的認識は、数学理論から、数学理論が関係を有してはいるが、その理論以前に確立済みの経験へと注目を移すときに成り立つものだ。そういうわけで、暗黙的認識を撲滅して、経験を包括的に説明しようとする数学理論の理想は、自己矛盾的で、論理的に不健全なものだと、証明されるのである。

　しかしこうした抽象論で事足れりとするわけにはいかない。この章を終わらせるに当たって、いかなる厳密科学をもってしても絶対に表象不可能な、この上なく印象深い経験の具体例を示そう。それは科学それ自身内の経験、すなわち、科学者が新たな発見を志して問題を考察しているときの経験である。

言うまでもなく、すべての研究は問題から始められねばならない。研究が成功するのは、問題が妥当な場合に限られるのだ。そして問題が独創的である場合に限って、研究もまた独創的でありうる。しかし妥当で独創的な問題は言わずもがな、いかなる問題であれ、そもそも問題とはいかなる具合に考察がなされうるものなのだろう？ なぜこんなことを言うのかといえば、問題を考察するとは、隠れた何かを考察することだからだ。それは、まだ包括されていない個々の諸要素に一貫性が存在することを、暗に認識することなのだ。この暗示が真実であるとき、問題もまた妥当なものになる。そして、私たちが期待している包括の可能性を他の誰も見出すことができないとき、それは独創的なものになる。偉大な発見に導く問題を考察するとは、隠れている何かを考察することだけではなく、他の人間が微塵も感づき得ないような何かを考察することでもあるのだ。こうしたことはみんな、ありふれたことだ。だから私たちはそれを当然視して、そこに含まれている自己矛盾の衝突に気づかない。しかしプラトンは『メノン』の中でこの矛盾を指摘している。彼は、問題の解決を求めることは不条理だ、と述べている。なぜなら、もし何を探し求めているのか分かっているなら、問題は存在しないのだし、逆に、もし何を探し求めているのか分かっていないのなら、何かを発見することなど期待できないからだ。

このパラドックスに対してプラトンが出した答えは、すべての発見は過去の経験の想起である、というものだ。これまでこの答えが受け入れられた試しは、ほとんどないだろう。しかしこのパラドックスを回避するために、他の答えが用意されたことなど、一度もないのだ。ここに至って私たちは一つの事実に直面する。人類は、二千年以上にわたり、困難な問題を解決する人々の努力によって発展してきたが、他方で、問題を解決するなんて無意味であるか、さもなければ不可能であると、その気になればいつでも思い知らされていたのだ。ここにあるのは、みんなの目に付くところにさりげなく置かれていた重要書類が、かえってそのために見つからずに済んだという、ポーの『盗まれた手紙』の古典的事例である。それは、『メノン』が断言するところに従うなら、もしすべての認識が明示的なものだとすれば、すなわち明確に記述することが可能なものだとすれば、私たちは問題を認識することも、その答えを探し求めることもできない、ということだ。それゆえ『メノン』は次の点を明らかにしている。すなわち、仮にやはり問題が存在して、そしてその問題を解決することによって発見がなされるとしたら、私たちはある事柄、しかも重要な事柄を認識できるということになるのだが、私たちはそれを言葉で説明することはできないのだ。

『メノン』のパラドックスを解決する暗黙知は、いつかは発見されるだろうが今のところは隠れている何かを、暗に感知することにある。こうした知能の存在を示す重要な実例をもう一つ挙げよう。偉大な科学的発見はその成果の多大さで群を抜いているものだ、とよく言われる。たしかにその通りだろう。しかし、どのようにして多大な成果から真実が見分けられるのだろう？　まだ発見されてもいない結論の価値を評価することで、ある発言が真実であると認定することなどできるのだろうか？　もしいまだ発見されざるものを明示的に認識しなければならぬとしたら、むろん、それは愚にもつかぬことだろう。しかし、いまだ発見されざるものを暗に予知する能力が私たちに備わっているというのなら、それも合点がいく。コペルニクス派は、ニュートンが証明するまでの百四十年間にわたり、過酷な弾圧に抗して、地動説は惑星の軌道を計算するのに好都合なだけではなく、紛れもない真理でもあるということを熱烈に主張していたものだが、彼らが確信していたのも、まさにこうした種類の予知だったのに違いない。

どうやら、ある発言が真実だと認識するということは、言葉として口にできる以上のことを認識することらしい。しかもその認識による発見が問題を解決したなら、その発見それ自身もまた範囲の定かならぬ予知を伴っていたことになるのだろう。さらに、その発見を真実として受け入れるということは、いまだ発見されざる、ひょっとしたらいまだ想像すらかなわぬ結果を、すべて信じようとすることらしい。

こうした知られざることがらについては明示的な認識など存在しないので、科学的真理を明示的に正当化することは不可能だと言うこともできよう。しかし、私たちは問題を認識することはできるし、その問題がそれ自身の背後に潜んでいる何かを指し示しているのを確実に感じ取ることもできる。したがって、科学的発見に潜む含意《インプリケイション》を感知することもできるし、その含意の正しさが証明されると確信も持てるのである。どうしてそんな確信が持てるのかと言えば、その発見についてじっくり検討を重ねているとき、私たちは問題それ自体だけを見ているのではないからだ。そのとき私たちは、それに加えてもっと重要なもの、問題が徴候として示しているある実在《リアリティ》への手掛かりとして、問題を見つめているのだ。そもそも発見が追求され始めるのも、こうした観点からなのである。すなわち、私たちは初めからずっと、手掛かりが指示している「隠れた実在」が存在するのを感知して、その感覚に導かれているのだ。さらにこの追求が成功裏に終わって手に入る発見もまた、これと同じ見通し《ヴィジョン》に支えられることになる。それは実在《リアリティ》に触れたと主張する。しかしいくらリアルだとはいっても、その実在が、定かならぬ範囲の、予期しなかった徴候を携えて、未来の人々の目前に出現するのは、たぶんまだ先のことなのだ。

かくして私たちは主要な結論に到達したことになる。すなわち、暗黙知によって、以下の諸点のメカニズムが明らかにされるのだ。(1) 問題を妥当に認識する。(2) その解決へと迫りつつあることを感知する自らの感覚に依拠して、科学者が問題を追求する。(3) 最後に到達される発見について、いまだ定かならぬ暗示《インプリケイション》＝含意を妥当に予期する。

こうした曖昧な関与の仕方は、内在化に基づくいかなる認識行為にも、必ず含まれているものだ。なぜなら、こうした行為は、私たちが注意を向けておらず、したがって特定することもかなわないであろう個々の諸要素を内面化することによって、初めて成り立つものだからであるし、また、そうした特定不能な個々の諸要素から、それらを定かならぬやり方で関係づける包括的全体へと、注意を移動させることによって、初めて成り立つものだからである。この種の認識方法によって、問題や虫の知らせといった、途方もなく曖昧なものが認識可能になり、『メノン』のパラドックスは解決されることになる。しかしこうした能力の活用がすべての認識にとって不可欠の要素だということが判明すると、私たちは次のような結論を下さざるを得なくなる。すなわち、知はすべて、問題に関する知と、同種のものである。

ありていに言って、ここが私たちの辿り着いた場所なのだ。結論は以下の通りである。模範的な科学的認識においては、科学的認識を発見し保持するために必要なすべての能力が存分に展開されているものであり、その格好の事例は、迫り来る発見を認識する際に見て取れる。

そうした知を保持するのは、発見されるべき何かが必ず存在するという信念に、心底打ち込むということだ。それは、その認識を保持する人間の個性《パーソナリティ》を巻き込んでいるという意味合いにおいて、また、おしなべて孤独な営みであるという意味合いにおいて、個人的《パーソナル》な行為である。さりとて、そこには、自己に淫するような痕跡など、微塵も見られない。発見者は、是が非でも隠れた真理を追究せずにはいられぬ責任感に満たされているのだ。その責任感が、真理のヴェールを剝ぎ取れと、彼の献身《サーヴィス》を要求する。彼は、自らの認識行為として、個人的な判断を下し、徴候を外界の実在《リアリティ》に関係づける。そしてその外界の実在の一側面こそは、彼が把捉しようと目論んでいるものに他ならない。

発見それ自体と同じように、発見についての予期は、妄想に終わることもあるだろう。だからといって、その妥当性を判定するために、厳密に非個人的な基準を探し求めても無駄である。それは過去八十年かそこらにわたり、実証主義的な科学哲学がやろうとしてきたことだ。妥当でかつ成功する事業として科学的探求を引き受けることは、科学者たちがこの事業に乗り出すときに行うような掛かり合い[九]に、自分も加わることである。掛かり合いの行為を形式化することはできない。なぜなら、当たり障りのない形式で掛かり合い《コミットメント》を表現することはできないからだ。掛かり合いの行為を形式化しようとすると、内容を台無しにする類の「明示性」を持ち込むことになる。科学哲学における実証主義的運動が失敗した原因は、まさにその点にあったのだ。実証主義が唱える客観性という理念に代わるべき確固たるものを見つけ出すのは、至難の業である。これこそ紛れもなく、腹を据えて取り組むべき課題として、暗黙知の理論が私たちに求めずにはいられないものなのである。

第II章　創発

ここまで私は、私たちが暗黙的な認識力を発揮するときの、仕組みについて説明してきた。私たちが暗黙知を働かせる事項には、問題や虫の知らせ、人相学や各種の技能、道具と探り棒や表示的言語の使用が含まれていたが、そのリストはずっと拡張されて、五感で知覚される外界の対象の単純な認識までも含まれるようになった。そしてこの知覚の構造こそ、その他の事項すべてを解明する鍵となるものだ。私たちの身体は対象の知覚に関与しており、その結果、外界の事物すべての認識に参与することになる。さらに言えば、外界の事物の個々の諸要素はまとめられて相応の存在へと統合されるのだが、そうした何組もの諸要素を身体に同化させることによって、私たちは自らの身体を世界に向かって拡張し続けていくのだ。このとき私たちは、外界の諸要素を内面化して、その意味を首尾一貫した存在のうちに把捉しようとする。かくして私たちは、幾つもの存在に満ち、ある解釈を施された宇宙を、知的な意味でも実践的な意味でも、形成することになる。

同じ包括的存在（comprehensive entity）の認識を、二人の人間が共有している状況——一方がそれを作り、他方がそれを理解する——を考えてみよう。たとえば一方がメッセージを作り、他方がそれを受け取るという場合である。しかしこの状況独自の特性をもっとよく知るためには、一方の巧みな行為を他方が理解していく仕組みを考察してみるとよい。観察者は、行為者が実践的に結合している諸動作を、まずは心の中で結合してみる、そして次に、行為者の動作パターンをなぞって、諸動作を結合しなければならない。二種類の内在化が、この地点で、遭遇する。行為者の方は、身体の諸部位としての諸動作の中に内在化することによって、自分の諸動作を調和的に取り仕切っている。他方、観察者は、外部から行為者の諸動作の中へ内在化しようとして、その諸動作を相互に関連づけようと努めることになる。観察者は、行為者の動作を内面化することによって、その動作の中へ内在化するのだ。こうした探索的な内在化を繰り返しながら、弟子は師匠の技術の感触を我がものとし、その良きライバルとなるべく腕を磨いていくのである。

このように主体と客体が構造的に似通ってきたり、主体が客体の中へ内在化したりするのは、ある身体的な技能を学び取ろうとしている場合にだけ見られるのではない。たとえばチェスのプレイヤーたちは、名人が行った勝負を何度も繰り返しては名人の精神の中に入り込み、名人の頭の中にあったものを発見しようとする。

もう少し話を敷衍しよう。上述の二つの事例で、私たちは包括的存在を構成する諸要素の中に入り込む。そのとき、私たちは、包括的存在の首尾一貫性を説明してくれる何ものかに出逢っている。最初の事例では、私たちは身体を巧みに操る個人（person）に出逢い、後者の事例では、精神を巧みに操る個人に出逢っているのだ。

技能が披瀝されたり、チェスの勝負が行われている過程に「個人」を認識するのは、この問題を考える上で逃れ得ないことである。私たちは、それを何とか理解しようと考える以前に、否応もなく何らかの組織化された技量に直面しているものだし、その技量の内部で稼働中と感じられる行為にあれこれ思いを馳せながら、その技量の本質をなす特徴を見つけ出そうと考え続けてしまうものなのだ。だから、哲学者が好んで論じたがる問題、すなわち、表に出た働きを観察して他人の精神の存在をどうやって推量できるかという問題など、誰も思いつかない。なぜなら精神の働きをありのままに目撃することなど、決してできないからだ。たとえそうした精神の働きを、個人の持っている技量の中にうまく統合できたとしても、その多くは識別不能なのである。技量を振るっている当人自体、その技量に組織されている個々の要素については、きわめて曖昧にしか語れないものなのだ。

だからといって、探求という行為なしに精神を理解しようというのではない。それどころか、科学的探求と同じように、その探求を成り立たせるのは手掛かりを見つけ出す作業なのだ。この手掛かりは、それが指示しているらしい何らかの存在に関係がある、と想定される。さらに科学的探求の場合と同じように、このとき利用される手掛かりの多くは、それが何であるか、最後まで特定されないだろうし、意識に上らずに終わる可能性だって大いにある。私たちが、技能とかチェスの勝負の秘められた構造に入り込み、その背後にいる個人の力を認識するようになるのは、そういう事情を含んだ努力を介してのことなのである。歴史家が歴史的人物を研究するときも、これと同じ方法が採られるだろう。

精神の働きそれ自体を観察することによってその精神を段々に認識できるようになる、というのは誤った仮定だが、その仮定のために隠蔽される事柄が、その他にも幾つか存在する。しかし精神の認識と科学的探求の構造的類縁性が、そうした事柄に光を投げかけてくれるだろう。その類縁性に従えば、精神に実体がないというのは、問題には実体がないというのと、同じ意味にすぎない。実際、偉大な「精神」というものは、歴史家や文学研究家にとっては汲めども尽きぬ、報われるところの多い「問題」なのだし、人はみんな、その人に関心がある者にとっては計り知れない価値を持っているのだ。もっとも、だからといって、問題や精神が他の事物から遠くかけ離れた存在だと考えるべきではない。なぜなら無情の木石も、個々の要素が理解されて認識されるのであり、そのとき私たちは個々の諸要素から一つの対象としての無情の木石へと注意を移動させているからだ。

私はすでに他人の精神の認識に関して疑問を呈しているが、ここに至って、それと類似した疑問が持ち上がる。つまり知覚可能な諸性質が観察できたとしても、そのあとどのようにして永遠なる対象の存在を推論していくのだろう? 哲学者の中には、私たちは対象以外のものを目にすることなどあり得ないのだとして、この疑問を却下してしまう者もいるだろう。しかしそれは正しくない。私たちは、単なるつぎはぎ《パッチ》のようにカモフラージュされた対象をしっかりと見て、さらにその断片を意味のある一つの対象とみなすべくひたすら努力して、その偽装を見破ることができるのだ。上述の哲学者たちが、精神を認識したり石ころを見たりするときに、推論など必要ないし、それゆえ、その種の推論がなされる様子を調べても意味がない、と指摘している点は正しい。しかし、それでもやはり、現実に私たちは暗黙裡にものごとを認識しているのであり、なぜそんなことが可能なのかを解明する仕事は残る。

これまで私が言及してきた実例が示しているのは、こうした哲学的問題の新しい側面である。個人を認識することと問題を発見することの間には、構造的類縁性があると述べた。さらにその二つの事例が、石ころの認識の仕方とも一致するものだと述べた。石ころの深さなどは知れたものだろうが、この類縁性は、「個人」と「問題」のもっと深い領域へと注意を促すものだ。個人と問題がより深いものだと感じられるのは、それらが、将来、思いがけない方法で自らの秘密を語り出すだろうと期待しているからだ。ところが、石ころの方はそんな期待など微塵も抱かせるものではない。個人にしろ問題にしろ、将来思いがけない方法で自らを明かす可能性があるのは、以下のような事情によるる。すなわち、観察される事物は実在《リアリティ》の一側面なのだが、それは、任意の一側面について私たちが抱くいかなる概念をもってしても尽くしきれない意義を有している、ということだ。この意味で、自分の知っている事物がリアルであると信じるのは、それが将来思いがけない方法で自らの正体を明かす自主性と力を持っている、と感じることなのである。だからこそ、精神と問題は石ころよりも深いリアリティを持っている、と言えるのだ。もっとも、石ころは、触ることができるという意味では、精神や問題などよりリアルであるのは言うまでもない。しかし私は、ある事物について考えるとき、触れて確かめることができることより、それが持っている意義の方が重要だと思うので、石ころよりも精神や問題の方がリアルだと言うのだ。すなわちそれは、実在《リアリティ》の認識を、科学者たちを発見へと導く予知の種類と同列に置くことなのである。

このことを念頭に置くなら、さらに次のようにも言えよう。ある人間による身体の巧みな動作は、別な人間が認識できるリアルな存在である。しかもそれは、ただそれを包括することによってのみ認識できるリアルな存在なのである。また、このリアルな存在を包括する行為は、その行為の対象たる「動作」と類似の構造を持っている、と。

要点を明確にするために、次の点も念押ししておこう。別な個人によるチェスの巧みな技量は、私たちが認識できるリアルな存在である。しかもそれは、ただそれを包括する私たちの暗黙裡の行為によってのみ認識できるリアルな存在なのである。また、この包括の行為は、それが包括する対象たる「技量」と類似した構造を持っている、と。

結論をここに持ってくるのに、ずいぶん時間をかけたものだと思われる向きもあろう。しかし私には、この結論を念入りに確認する必要があったのだ。なぜなら、この結論には遠大な意味が秘められているからだ。前章で述べたように、包括的存在を理解することによって私たちは何を知るのか？　という問いは、その包括的存在を存在論的に問いつめることなのである。これまでややもすれば曖昧であったこの存在論にも、いまでは実質の伴った内容が籠められている。巧みな人間の動作に典型的に示される種類の包括的存在は、リアルな存在なのである。それは石ころと同じ程度にリアルである、いや、包括的存在が有するはるかに大きな自主性とパワーを考慮に入れるならば、石ころなどよりずっとリアルなのである。そこで、次のような仮定も妥当と思われる。すなわち、他のすべての暗黙知の事例においても、包括する行為の構造と、その行為の対象たる包括的存在の構造は、一致する。こうなってくると、すべてのリアルな包括的存在の安定性と有効性を説明してくれる諸原理の中に、暗黙知の構造が再現されていると期待するのも、わるくはなかろうというものだ。その意味を以下に示そう。

二点指摘しておこう。（1）首尾一貫した存在を暗黙裡に認識するには、まず具体的な諸要素を感知して、その感覚に依拠しながら、その存在に注意を向けていく。（2）もし個々の諸要素に注意を移したなら、諸要素の持っている（1）の機能は失われ、それまで注意を向けていた包括的存在を見失う。以上の点を存在論的に言い換えれば以下のようになるだろう。（1）包括的存在を制御する諸原理は、具体的な諸要素をそれ自体として統治している諸規則に依拠して、機能するだろう。（2）それと同時に、諸要素をそれ自体として統治している諸規則は、諸要素が構成する、より高次の存在の組織原理の何たるかを、明らかにするものでは決してないだろう。チェスとその勝負の認識に立ち返ってみよう。チェスのプレイは諸原理によって制御される存在であり、その諸原理はチェスのルールの遵守に依拠している。しかし勝負をコントロールする諸原理が、チェスのルールに由来するものだなんてことはあり得ない。このように、暗黙知の二条件、すなわち諸要素から成る近位項と、諸要素が包括された意味から成る遠位項は、実在《リアリティ》の二つのレベルとして現れる。しかもこの二つのレベルは、それぞれ特有の原理を持っているのだ。上位レベルは、下位レベルの諸要素をそれ自体として統括している規則に依拠して、機能する。しかし、こうした上位レベルの機能を、下位レベルの規則で説明することはできない。すると、この二つのレベルの間には一つの論理的関係が存在する、と言えるだろう。すなわち、二つのレベルは両者を包括する暗黙知の行為の二条件なのである。

私は前に、私たちが宇宙の断片を内面化して、その結果、宇宙が包括的存在に満たされていく次第を語った。私がいま着手したばかりの計画に沿って考察を進めていけば、この壮大な光景は、多層的な実在《リアリティ》に満たされた宇宙の光景に変じてしまうだろう。上位と下位の層はペアになって意味を成し、その宇宙に合流していくのだ。

それを例証するには、これまでに述べてきた暗黙知のさまざまな具体例を上述の観点から分析すればよいのだが、ここではむしろ新しい実例を示そう。その新しい実例は私たちにより多くのものをもたらすだろう。つまりそれは、上位層と下位層のペアが系列化して階層《ハイアラーキ》を形作っていく次第を見せてくれるのだ。

煉瓦焼きの技術を考えてみよう。その技術は、それより下位層にある原料に依拠している。しかし煉瓦焼き職人の上位層には建築家がいて、煉瓦焼き職人の仕事に依拠して、働いている。さらに、今度は建築家がその上位層にいる都市設計家に仕えなければならない。これら四つの連続したレベルに対応するものとして、四つの連続した規則が存在する。物理学と化学の規則が煉瓦の原料を統治する。工業技術《テクノロジー》が煉瓦焼きの技術を規定する。建築術が建築業者に教えを施す。そして、都市設計の規則が都市設計家を制御する。さらに実例を挙げて、もっと詳しく検討してみよう。その実例とは、言語行動《スピーチ》である。それは五つのレベルを含んでいる。すなわち、(1) 声を出す。(2) 言葉を選ぶ。(3) 文を作る。(4) 文体を案出する。(5) 文学作品を創出する。それぞれのレベルはそれぞれ自らの規則に従属している。すなわち、それぞれ以下のものに規定されているのだ。(1) 音声学、(2) 辞書学、(3) 文法、(4) 文体論、(5) 文芸批評。この五つのレベルは包括的存在の階層《ハイアラーキ》を形成する。なぜなら、各レベルの原理は、自分のすぐ上のレベルに制御されて機能するからだ。発せられた声は語彙によって単語へと形作られる。語彙は文法に従って文へと形作られる。そして文は文体へと整えられて、ついには文学的観念を持つようになる。かくして、それぞれのレベルは二重の制御の下に置かれることになる。第一に、各レベルの諸要素それ自体に適用される規則によって。第二に、諸要素によって形成される包括的存在を制御する規則によって。(6)

したがって、より高位層の活動を、そのすぐ下位層に当たる諸要素を統括する規則によっては、説明できない。音声学から語彙を導くことは不可能なのだ。同様に、語彙から文法を導くことはできないし、文法が正しいからといって良い文体が出来上がるわけでもない。また、良い文体が文章の内容を授けてくれるわけでもない。そこで、暗黙知の二つの条件を実在《リアリティ》の二つのレベルと同一視したときに私が述べたことを確認する意味で、きわめて一般的＝概念的な表現になってしまうが、次のように結論できよう。個々の諸要素を統括する規則によって、より高位層の組織原理を表すことはできない。

そんなことは自明にすぎて、今さら強調するには当たらないと思われるかもしれないが、これはなかなか一筋縄ではいかない問題を含んでいる。それを証明するために、これから私は、人間の技能の階層から、生物に見出される進化レベルの階層へと、議論を進めようと思う。連綿と続く進化の段階は、下等生物から高等生物へと上昇するにつれて、次々と蓄積されていく。だから一個の人間の内に、進化のすべての段階を、瞬時にして目撃することができるのだ。発生学で研究される形態発生過程では、最も原始的な生命の形が、人間独特の形状が生じるときに出現する。次の段階で、生体の植物的機能が現れる。その研究を司るのは生理学である。その上の段階で感覚が生じ、それから知覚と、中枢制御される運動機能が発生していく。この両者の管轄もまだ生理学である。人間がこの段階を越えるのは、意識的行動と知的行為の段階に至ってからであり、その研究を行うのは動物行動学と心理学である。そして最高の段階に至ると、人間の道徳感情が発生し、それはその人間自身の尺度によって導かれるものとなる。

当面の間、こうした一連のレベルが感覚＝分別《センス》の領域ではどこまで階層化されるのか、という問題は棚上げされよう。その代わり、こうしたすべてのレベルは非生命的レベルの上に位置しているという事実、したがって、それらのレベルが機能するためには、直接的にしろ間接的にしろ、その非生命的レベルを統括している物理学と化学の規則に従わねばならないという事実が、中心的に論ぜられることになろう。そこで、もし、高位レベルの機能は個々の諸要素を統括する規則からは決して導きえない、という原理を適用するなら、こうした生物的な機能は物理学や化学の規則では説明が付かないということになる。

しかし今日では、すべての生命現象は、究極的には、無生物を制御する規則によって説明され得る、というのが生物学者たちの常識になっている。K・S・ラシュリー(一)は一九四八年のヒクソン・シンポジウムで、著名な同僚たちに相談もせずに、参加者すべての共通認識であるとして、このことを宣言したものだ。しかし、こうした仮定はまったくのでたらめである。生ける存在としての私たち自身のもっとも際だった特徴は、感覚を持っていること（sentience）なのだ。物理学と化学の規則は感覚性の概念を含まず、したがって、そうした規則に完全に制御されるいかなる系《システム》も、感覚を持たないということだ。かくなる宇宙の中心的事実に見て見ぬ振りを決め込めば、それは科学の利益にはなるかもしれないが、真実の利益にならないことは明らかである。私は、むしろ逆に、無生物から知られる諸原理に加えて、生命体を研究することによって、いくらかの諸原理が最後には見出されるに違いないという可能性を、徹底的に追求してみたい。さらに、そうした未知なる原理の概要を予想してみたいと思う。

私はこの追求を始めるに当たって、まず現代の生物学者たちに支配的な手順をもう少し詳しく吟味しようと思う。現代生物学が公言する目的は、物理学と化学の法則によってすべての生命現象を説明することだが、現実に行われているのは、物理学と化学に基づいて、機械論的に説明しようという試みである。生物学者たちは、公言された目的の代用として、こうした機械論的な作業をするのは理に適ったことだと考えている。なぜなら、物理学の法則に基づく機械論は、物理学の法則によって説明が可能だからである。何はともあれ、かような仮定をする生物学者は間違っている。

機械が、物理学や化学に還元することのできない、目的論的な性格を持つことを指摘する説も、これまでにはあった。しかし機械の諸原理とその部品を統括する諸法則との現実の関係を理解するために、私たちはまず、包括的存在としての機械の本性を考えねばならない。そうすれば、こうした存在を統括する論理的構造がいかなるものか、より確かに、かつ深く理解されることにもなろう。なぜなら、この場合、かなりな程度の精度をもって、諸部分がその包括的存在へと統合される関係を規定しうるからである。私は本書の別な箇所でたびたびこの種の分析を行ってきた。したがって、ここでは議論に

は深入りせず、主要な論点を述べることになろう。(7)

機械はその作動原理によって規定され、それは機械がどのように作動するのか教えてくれる。この作動原理は機械を構成する部品をも規定しており、機械が作動しているときの諸部品の機能について語ってくれる。さらにそれは、機械が果たそうとしている目的についても語ってくれる。機械がちゃんと作動するためには、部品が物理学的属性と化学的属性を持たねばならず、部品の共同作業に関係して一定の物理-化学的作用が必要である。この点では、機械の材質が堅牢で、力学《メカニクス》の法則に支配されていれば、それで充分なのだ。

工学《エンジニアリング》と物理学は二つの異なる科学である。工学には、機械の作動原理とその原理に関係する幾ばくかの物理学の知識が含まれる。他方、物理学と化学には、機械の作動原理の知識はまったく含まれない。したがって、ある物体の物理学的・化学的な構造《トポグラ》の輪郭《フイー》が完全に描かれたとしても、果たしてそれが機械であるのかないのか判断することは不可能なのであり、たとえそれが機械だと判明しても、それがどのように動き、その目的は何なのかを知ることはできないのだ。すでに立証済みの機械の作動原理に関連づけて行うのでなければ、機械を物理学や化学を用いて精査しても無意味なのである。しかし、機械には、作動原理では分からない重要な特徴がある。つまり作動原理は、機械の故障や破損を決して説明できないのだ。そして、ここで物を言うのが、物理学と化学である。機械の物理-化学的構造だけが機械の故障を説明できるのだ。故障しやすさは、いわば、材料の法則が機械の作動原理とは相容れないものなのに、その材料のうちに作動原理を具現化してしまった代償なのである。こうした材料は、最終的には、そうした異質な原理の束縛を脱しようとするものなのだ。

しかし、非生命体として物理学と化学の法則に従っているはずの機械が、どうすればそうした法則の支配を免れることができるのだろう？　機械は、どのようにして自然の法則にも従い、同時に、機械としての自らの作動原理にも従うことが可能なのだろう？　非生命的な物質から機械が形成されると、どうして機械は順調に作動することもあれば故障することもあるようになるのだろう？　その答えは「形成（shaping）」するという言葉の中にある。自然の法則は非生命的な物質を、たとえば月や太陽の球体のような独特の形に、また太陽系のような形態に、拵え上げることがある。人間の手が物質に他のさまざまな形を与えることもあるが、その場合でも自然の法則が破られることはない。機械の作動原理は、そうした人為的な形成作用によって、物質内に形象化されるものだ。その際、境界上には、明らかに自然の法則によっては定まらない一連の条件が存在する。機械の作動原理は、そうした非生命的システムの境界条件を制御するものだと言えるだろう。この境界条件を決定するのは工学《エンジニアリング》なのである。そしてこれこそ、非生命的系《システム》が二つのレベルで二重の支配を受ける理由なのだ。つまり、上位レベル（＝機械）の作動は、下位レベル（＝物質）の境界上に人為的に形象化されるのだが、このとき下位レベルに依拠して非生命的性質、すなわち物理学と化学の法則に従うことになるのだ。

上位レベルの組織原理によって下位レベルの諸要素に及ぼされる制御《コントロール》を、「境界制御の原理（the principle of marginal control）」と呼んでもよかろう。

この境界原理は、私が人間的行動の階層について述べたとき、すでに見出すことのできたものである。言語《スピーチ》行動を構成する階層をモデルにして考えると、継起的に作用する諸原理が、すぐ下のレベルで未決定なままの境界を制御している仕組みが見える。言語行動の中でもっとも低いレベルに当たる「発声」は、音を組み合わせて「単語」にする行為を概ね未決定《オープン》にしている。それはすぐ上のレベルに当たる「語彙」によって制御されているのだ。次に、語彙は、単語を組み合わせて「文」にする行為を概ね未決定にしている。それは「文法」によって制御されているのだ。以下、同様のことが繰り返される。さらに、非生命界の法則がおよそあらゆる機械の実用性を制限するのとちょうど同じように、各々の下位レベルは、それぞれすぐ上のレベルに制限を課す。他方で、すぐ下のレベルの活動が上位レベルの支配を免れると、その上位レベルは機能しなくなるだろう。たとえば、音がでたらめに氾濫すれば単語は我を見失うだろうし、氾濫する単語の海に文は溺れてしまうだろうということだ。

広い意味では、こうした境界制御の原理は、生物レベルの階層《ハイアラーキ》でも作用している。安静時の生命を維持している自律神経系は、筋肉運動による肉体の動作の可能性を未決《オー》定《プン》にしている。筋肉運動の原理は、生得的な行動パターンへ統合される可能性を未決定にしている。さらに生得的な行動パターンは、知性による「形成」の可能性を未決定にしている。そして、もし私たちがそれより上位の原理を持っていたなら、知性による形成が作動することによって、今度はそうした、上位の諸原理が働く可能性が広範囲に開けてくる。

こうして境界原理の実例を見てくると、それが人工物にも存在するのは明らかだ。たとえば機械である。また、たとえば言語行動などの人間的活動や、あらゆるレベルでの生命機能においてもそうである。境界原理は、一定の構造を持つすべての包括的存在の機能を、根底で支えているものなのだ。それゆえ、私たちは機械について行った分析に依拠して、次のように断言することができる。すなわち、「生命機能を機械的に説明しようとすれば、物理学と化学による説明になる」という、生物学者たちに支配的な見解は、間違いである。また機械は、「物理学と化学の手が及ばない境界条件が、物理学と化学とは無関係な諸原理によって制御されている」という事実によって、規定されるのだが、この結論は次のことを明らかにする。すなわち、生命体の中の機械的に機能する部分は物理学と化学では説明できないというが、それは、その部分に特有の境界条件の観点から述べられていることである。

これまで述べてきたことは、機械的な生命の説明に多大の真実が含まれていることを、否定するものではない。身体の諸器官は機械とよく似た働きをし、制御《コントロール》＝支配の階層に従属している。制御の階層は、機械的原理の上昇系列に沿って作動する。生命機能を機械の観点から説明しようとする生物学者たちは、瞠目すべき成功を収めてきた。しかしそうした成果も、非生物界の法則では表すことのできない生物的特徴に、新たな項目を加えるものでしかないことを忘れるべきではない。

生物学者の中にも貴重な少数派が存在する。彼らは、工学《エンジニアリング》や技術《テクノロジー》のメカニズムで、すべての生命機能を表すことは不可能だと信じて、自分たちが想定する生命の非機械的な過程を、有機的（organismic）と称している。そうした有機的過程は再生の際に観察されるのだが、そのもっとも印象的な事例は、ハンス・ドリーシュ（二）によって発見されたウニの胚の再生である。ドリーシュは、原腸期に、胚から分離した細胞またはいくつかの細胞の塊が一つ残らず正常なウニへと成長していくことを、発見したのである。彼は、そうした再生能力を持つ胚を「調和等能系（harmonious equipotential system)」と言った。さらにこうした断片からの胚の再生は「形態形成的調節（morphogenetic regulation)」と称されている。

他方、胚の発達過程で、胚のいくつかの領域では将来何に分化するのか定まっているので、発生が進行するにつれて等能性に制限が加えられるようになる。これが胚にモザイク的な性格を与えることになる。これ以降の胚の発達には二つの原理が組み合わされる。すなわち、（1）細胞分裂によって将来の分化が固定された領域ができてくると、機械的な構造が生じてくる。（2）他方、固定された分化可能性を持つ複数の領域を相互に調整し、各領域内の等能性を維持する調節力は、有機的原理を表す。成熟が進行するに連れて、胚はますます分化した機械的構造を持つようになり、それと呼応して、そうした構造の中では有機的な調節の範囲はますます狭まってくる。機械的過程と有機的過程に基本的な区別を認める生物学者たちは、生物的機能は、すべての段階で、機械的機構と有機的調節との組み合わせで決定されると考えている。

ゲシュタルト心理学者たちは、調節の過程は知覚の形成と似ている、とたびたび提起してきたが、知覚形成と生物学的調節はともに物理的平衡の結果にすぎないという彼らの主張は、そうした提起を袋小路に導いてしまった。私は、生物の調節能力とその知的理解力は互いに似ているという点では、たしかにゲシュタルト心理学者たちと意見を同じくするが、その二つの能力は、非生物界では明示されない諸原理を具現するものだと信じている。実際、私は、生物にそのような諸原理が存在するのは確定した事実だと考えており、それらの諸原理がどのように作用しているのか、これからも追求し続けることになろう。

生物には「境界制御の原理」に基づく機械のような機能があると先に述べたが、まずはその地点に立ち戻ろう。この制御は、ある具体的な機能を果たすために、それに見合う個別の身体器官を用いる。このことを考え合わせると、等能的に作用する調節的過程の仕組みが見えてくる。かような作用は暗黙知による個々の諸要素の統合と似ている。そして、とりわけ、私の念頭にある問題、とくに詩を書いたり、機械を発明したり、科学的発見を成し遂げたりといった問題の、理解と解決に似ている。そうした諸問題は、これまで関連づけられて来なかった諸事項に潜在的一貫性があることを示唆するものであり、その解決は、それが新しい詩であれ、新種の機械であれ、あるいは新しい自然の知識であれ、新しい包括的存在を確立するものなのである。

非生物界は自己充足的であり、何ごとも成し遂げず、何ものにも依拠せず、したがって、過ちを犯さない。だからこそ、非生物から生命が誕生したことはもっとも根本的な革新だったと言えるのである。生物の機能は成功することもあれば、失敗することもある。何ごとかを成し遂げるはずの過程はある意義《ヴァリュー》を持っているのだが、それはそのような意義を持たない過程によっては説明がつかない。説明が論理的に不可能だという事態は、次のような金言と関連があるのかもしれない。すなわち、存在するべきいかなる事柄も、存在している事柄によって決定されはしない。したがって生命体が誕生するときには、無生物には存在しない、ある原理が稼働し始めているのに違いないのだ。

しかしより高位の生命形態の階層構造について考えるならば、より高位の「創発」[三]の過程を想定せねばならなくなる。もし各高位レベルが、すぐ下位レベルの作用が手を付けずにいる境界条件を制御しようとするならば、それは、実際問題として、これらの境界条件が下位レベルで作動中の作用から干渉を受けていないということを意味する。言い換えるなら、いかなるレベルもそれ自身の境界条件を制御することは不可能であり、したがって、それ自身より高位のレベル――その作用が境界条件を制御する――を出現させることは不可能だということだ。以上のことより、階層の論理的構造が意味するのは次のようなことだ。すなわち、より高位のレベルは、下位のレベルでは明示されない過程を通してのみ、出現できる。したがって、それは創発とみなされる過程なのである。

もう少し議論を敷衍しよう。上述の関係をもっと深く理解するためには、知能について考察するのが有効であろう。この知能の領域では、有機的原理と機械的原理の組み合わせは、暗黙的包括=理解《コンプリヘンション》と一連の固定的論理操作の組み合わせに取って代わられる。子供の持つ生得的な知的回路のレパートリーは乏しいものだが、やがて子供は自身に備わった包括力を用いて、経験をなお一層固定した関係へと束ねていき、そのレパートリーを急速に増やしていく。ピアジェ(四)は、固定した論理的手続きのルールをますます発達させることによって、子供の推理力がいかに向上するかを述べている。この発達は言語の内面化によってさらに加速され、ついには子供に大人の精神が宿ることになる。第I章において、私は、こちらに向けられるコミュニケーションの意味を理解する際に認められる、暗黙的包括の過程について述べた。つまり、人間の精神を誕生させる教育の過程こそ、そうした包括力が行使される主たる場所だということである。成長する精神は、それが属する文化から寄贈される概念の枠組みのすべてと、推論のためのすべてのルールを、再創造《リクリエイト》する。それを考えると、これらの各々の固定化は創造力の範囲を狭めるということになろうが、それは、新しい道具を自由に配置して、創造するための力を大きくするのだ。その過程は成長する生体組織の解剖学的分化と同じように進行して、等能性の領域を絞り込んでいく。他方でそれは、絞り込みの見返りとして、より強力な生物的機構を活用できるようにしていくのだ。

ここで私は、ゲシュタルト心理学者たちによる以下のような推測を受け入れようと思う。すなわち、ドリーシュがウニの胚に見出した種類の等能性は、私たちが新しい考えを形成するときの過程に似ている。しかし、私が理解《コンプリヘンション》＝包括と同一視する種類の創発は、新しい包括的存在を創造する行為なのである。それはベルグソンの「エラン・ビタル(五)(生の躍動)」と似ているが、ケーラー(六)の「動的平衡（dynamic equilibration）」とは相容れないものだ。私たちはさらに歩を進めて、この創発という概念がどのように生物進化に適用されるのか考察せねばならない。生物進化における、かくなる創造的作用の存在については、ベルグソン、サミュエル・バトラー、さらに最近のティヤール・ド・シャルダン(七)が、その存在を仮定している。

私たちは、現行の進化論によって歪められている進化の問題を立て直すことから始めねばならない。進化の要点は、低次の存在から段々に高次の存在が出現すること、とくに人間が出現することにある。偶然の突然変異によって生じる生存上の適性=優位性《アドヴァンテッジ》のみが進化上の変化をもたらすとする理論は、進化の問題が歪められていることを認識できないのだ。生き残り続けているすべての生命形態は同じ生存価（survival value）を持っている。絶滅しつつある生命形態のみが、生存上の適性=優位性を欠いていると言えるのだ。その観点から言えば、今日の人類はまことに不利な状況にある。この地球上で人類が生き残る見込みは、昆虫よりも少ないだろう。しかしそれだからと言って、人間がどのようにして出現したかという問題への関心が減ずることは、ほとんどない。ましてや、そのせいで私たちが人間の歴史や文学や芸術から、昆虫の歴史や行動学へと関心を移すことなどあり得ないことだ。科学的客観性の名のもとに、地球上でもっとも高度な生命形態といえる人間の地位を放棄したり、進化のもっとも重要な問題といえる人間の出現を放棄するのは、知的邪道以外の何ものでもない。

進化が持続的な淘汰による改良の過程だという空言は、進化から種の起源へと関心が移行して、ますます人口に膾炙するようになった。新種の生物が個体群として出現する過程にとらわれすぎて、私たちはもっと根本的な問題を見失っていたのだ。すなわち、高度な種が、個体としてどのような過程で出現したのか、という問題である。しかしこの問題の重要性は、高等生物の任意の個体の来歴を概観すれば、容易に知れることなのだ。

一人の人間の起源は、その人間の家系を彼の最初の血筋が誕生した、はるか彼方の染みのような太古の原形質まで遡れたなら、想像することもできよう。この家系の歴史は、現在の人類の形成に寄与してきたすべてを含んでいる。この進化の一コマは、受精卵が大人に、あるいは種子が植物に成長する過程とまったく軌を一にするものであり、その人間や植物を出現させるすべてを含んでいる。自然淘汰が関与するのは個体群である。つまり一個体としての人間の進化は、自然淘汰の与り知らぬことなのだ。もし個体群生物学の概念を個体の起源の問題に適用しようとすれば、自然淘汰に欠かせない逆境というものを持ち出さざるを得なくなるだろう。この際の逆境とは可能性として取り沙汰されるものにすぎず、その個体の血統が進化するのを妨げるものではなかったし、もちろんその進化の原因となるものでもない。多くの場合、研究の対象となるのはより包括的な統計に基づく「系統発生」の系譜なのだが、*それとは区別して、こうした、より限定的な因果論的系譜を「個体発生」と呼んでもいいだろう。

*たとえば、質量作用《マス・アクション》に基づく通常の化学反応速度論は、一個の新分子を生み出す因果連鎖を追跡するときよりも、さらに包括的な統計に基づいて、化学変化を記述するものである。近代化学反応動力学（D・R・ハーシュバック、R・B・バーンスタイン、J・C・ポランニーによって研究されている）は、完全にこうした因果連鎖論から成り立っている。

しかし私たちは、環境順応性がありそうな突然変異の発生を無視しようというのではない。ただ、それは新しいレベルの存在を生み出すような変異とは別物だろう、と仮定しているだけなのだ。その区別はなかなか困難だが、それでもなお妥当なものであることは、多くの古動物学者[八]たちも認めるところだろう。そしてひとたびこの区別が受け入れられて斟酌されたなら、たちまち自律的な進化の上昇力が、胚細胞から個体への成長と同じように、歴然たるものになる。これまで科学者たちは、自らの職業上の理由から、そうした事実に見て見ぬ振りを決め込んできた。しかし自律的な進化を認めないのは、好都合な専門的虚構を守るために大いなる真理を拒否することなのである。

私は本章の最初から、一般化（＝概念化）の方法で、暗黙知の構想を詳述してきた。そして今その一般化は前述の進化のイメージに行き着いたのである。すでに検証したように、暗黙知は、身体と事物との衝突から、その衝突の意味を包括《コンプリヘンド》＝理解することによって、周囲の世界を解釈するのだった。この包括は知的なものであり、なおかつ実践的なものでもあった。だから包括的存在の範囲は拡張されて、自分自身の動作《パフォーマンス》は言うまでもなく、他人の動作とその他人自身をも含むものとされたのである。このとき私たちは、その向こうに生物学の全貌が見渡せるドアの前に到達していたのだ。そしてそのドアの鍵を手に入れるには、次の点を認識しなければならなかった。すなわち、包括的存在は、首尾一貫した現実の諸レベルが独特の論理で組み合わされたところにある。その概念は、人間の動作ばかりではなく、人間界と動植物を貫くあらゆる生物的レベルを包み込むに至る。それは階層化された生物の宇宙を顕現させるのだ。一個の有機体の内側では、より上位の原理が、逐次、すぐ下位の原理が未決定なままにとどめている境界を、制御する。上位原理は、自らが機能するために、下位の原理に依拠するのだが、下位の原理の法則に干渉することはしない。さらに、上位原理は下位原理の観点からは論理的に説明できないので、下位原理を介して機能することによって不首尾に終わることもままある。

生命が誕生する最初の創発《イマージャンス》は、後続するすべての進化段階の原型である。それに基づいて、進化の階段を昇っていく生命形態が、より高次の原理を携えて出現していくのである。これまで私は、創発の諸段階は、暗黙知によって達成される創意性の拡張概念にすべて含まれると述べてきた。創発が進化の階段を昇り詰めていくという光景のすばらしさは、この概念化の正しさを証明するものだ。なぜならその光景は、知能が進化論的創発の最高段階にあることを、またその知能によって私たちは初めて暗黙知の力を認識するようになったことを、明らかにするものだからだ。

階層化された宇宙に関する私の理論は、各々の違いが際だつ生物の諸段階を強調するものだった。しかし進化は連続的な過程である。したがって、いずれは私の分析も、次第に鮮明化する新しい機能を考慮に入れて、手直しが必要になるだろう。それらの新機能は、まだそれとは知られぬままに納められているさまざまな形式から出現してくるのだ。私はここで少しそれらの新機能を予想してみようと思う。つまり進化の途上で人間が出現してくるとき、一定数の特徴が次第に鮮明になっていったのだが、それについて語ろうというのだ。人間が創発するに至るまでにはますます包括的になっていく機能が連綿と続くことになるのだが、それには絶えず余計な失敗への可能性が付きまとっている。生物が種特有の形態を獲得するための成長能力は、奇形を生み出す可能性を持つ。生理的機能は、障害を起こし、やがて死に至らしめる病気をもたらすことを免れない。知覚、衝動の満足、学習は、間違いをしでかして新しい失敗をもたらす。そして最後に、人間は動物よりもはるかに広範囲のしくじりを犯す傾向が見出されるだけではなく、自らの道義心に従って邪悪にもなりうるのだ。

このように能力と障害が平行して発達していくのだが、同時に、この両者が帰属する中心が強固になっていく。生命は主として個体という形態に存在する。しかし草木に見られるような植物性＝自律神経《ヴェジテイティヴ》レベルでは、個体性はまだ希薄である。個体の中心は、動物的活動が出現するにつれて次第にはっきりしたものになり、知能が働くようになってさらに顕著なものになる。それは、人間においては、個性のレベルにまで昇り詰める。しかし中心に帰属するとみなされる追加的な機能は、ことごとく新たな失敗を重ねて、新たな非難に晒されるはめになる。

生命はすべて失敗と成功の能力で定義されるので、生物学はすべて評価的にならざるをえない。価値判断をまったく含まない観察は、無生物界を扱う科学においてしかありえない。そうした科学の一部においてすら、価値判断の痕跡は存在する。たとえば結晶学では、標本と理論の間に食い違いが生じるとき、不完全と名指しされるのは標本の方なのである。しかし結晶は機能しない。つまり、生命のない結晶でさえ評価的に扱われるのだから、もっとも下等な生物でもそれを観察することは、結晶を観察するよりもはるかにずっと評価的なものになるということだ。

生物学はますます複雑化する高等生物の機能を取り込んで拡張してきたが、その新しい部門は、それぞれ追加的な基準を設けており、観察者は対象の動物がその基準に合致することを期待する。そして、そんなふうに価値判断が強まっていくのは、価値判断する者と対象との関係がますます濃密になっていくからだ。私たちは、人間を認識するときと同じように、その動作《パフォーマンス》に入り込むことによって、動物を認識する。さらに私たちは動物を個体として認識するのだが、まさにその個体としての利害＝関心《インタレスツ》のゆえにその動物の動作は意味を持つ。最下等の、純粋な植物的レベルにおいてすら、私たちは動物の関心を、動物に対する私たちの関心が決定づけられる基準として、受け入れる。この意味で、生物学とはおしなべて親睦的なものなのだ。しかしこの親睦性は、動物が人間的レベルに近づくと、感情的関心へと昂じていく。そのとき私たちは、動物にも感情や知性があり、分けても、私たちと感情的つながりがあることに、気づき始める。

しかしどんなに深く動物を愛そうとも、いかなる動物も呼び起こせない感情がある。その感情は、ふつう、仲間の人間に向けられるものだからだ。人間の道徳感覚は個性という、もっとも高等なレベルで出現すると先に述べたが、それはその人間が持つ壮大な基準の領域によって導かれるものである。たとえそれが空虚なものに見えるときでも、ただ可能性を秘めているというだけで、それは充分に尊敬に値するものなのだ。

かくして進化の過程には、新たに大きな任務が課されていたことが知れる。しかも以下に述べる事情を知るにつけ、その任務の空恐ろしさがますます身に染みてくるようだ。すなわち、ここまで進化の過程を支配してきた太古の自己保存の仕組みが存在するのだが、前述の道徳感覚にしろ、それに対する私たちの敬意にしろ、両者がともに前提にしているのは、その太古の自己保存の仕組みに反抗せよ、ということなのである。しかし五億年に亘って続いてきた徹底的な利己主義に対する、こうした反抗も、進化を念頭に置けば、腑に落ちるものとなるに違いない。しかも、ある意味で、この問題は生物学的観点からの解釈も可能である。なぜなら、このように、より高位の要求に従うことのできる潜在能力は、いかにも人間的に他者と関係することのできる能力、すなわち自分より偉大な人間に対して崇敬の念を抱くことのできる能力と、大いに関係があるからだ。もし進化が人間の起源を含み、なおかつそれにはより高度な人間の義務感が遺漏なく伴っているならば、進化はまた人間の偉大さの起源をも含んでいるに違いない。第III章では、ここまで私が概略してきた宇宙論的な全景を拡大してみよう。その中には人間が持つ文化的素養も含まれよう。そうすれば、人間の責任ある行動とは何であるかを定義できる枠組みが与えられるであろう。人間の道徳的決断とはその枠組みの、一つの実例にすぎないのである。

第Ⅲ章　探求者たちの社会

第I章では、私たちの暗黙知の能力を扱った。そこで明らかになったのは、暗黙知は内在化（indwelling）によって包括《コンプリヘンション》=理解を成し遂げること、さらにすべての認識はそうした包括の行為から成り立っている、もしくはそれに根ざしている、ということだった。第II章は、暗黙知の構造が包括的存在の構造を決定する仕組みについて明らかにした。暗黙知が人間の動作《パフォーマンス》を包括する仕組みを研究することによって、私たちは、包括（=理解）されるものが、それを包括（=理解）する行為と同じような構造を持っていることに気づいた。このとき分かったのは、包括的存在と個々の諸要素との関係は二つの実在《リアリティ》レベルの関係であること、そして高位の実在レベルが、低位の実在レベルを制御する原理によって決定されずにいる境界条件を制御していること、であった。次に、こうした実在レベルが互いの上に積み重ねられて階層を成し、ついには階層化された生物界の全体像を出現させるのだった。まず無生物から生物へ、その後は順繰りに各生物レベルからそれぞれすぐ上位の生物レベルへ、といった具合に階層化されるのだった。こうした階層化は、次の上位レベルを生み出す働き《アクション》として創発（emergence）を定義するための、枠組みを与えてくれた。この考え方は、個人の発達と、生物の進化の両方に、当てはまるのである。

かくして暗黙知に関する考察から、根本的革新を生み出す創発の機能が明らかになった。創発に関する考察が人間の誕生に至る進化の頂点を極めていくにつれて、すでに考察された人間の認識形式が創発にも存在することが、次第に了解されるようになったのである。そしてついに私たちは再び人間の精神に直面し、包括(=理解)を目論んで世界の個々の諸要素に内在化して、絶えず世界の意味を更新していくことになったのだ。

ここで私たちは新しいテーマの領域に入る。私たちは次のような問いかけをせねばならないのだ。すなわち、はたして暗黙的認識に長じ進化論的創発に由来する知能は、もし人間に道徳感覚があるとするなら当然求められるべき、責任ある判断というものを下すことができるのだろうか? 実際、科学的理想としての厳密さに私は反論を加えたのだが、それによって、道徳的基準の正当性を再構築するための理論作りに着手できたのだろうか?

出発点を形成したいくつかの疑問に立ち返って、もう一度私の位置を見定めよう。私は以前に、スターリン体制下のソビエト・ロシアで長い間支配的だった理論にどんなに大きな衝撃を受けたかという話をした。その理論は、知識のために知識を追求するという科学の正当性を否定していたからである。私は、この精神の暴力的な自己否定は、道徳的動機によってなされたものだと述べた。また、それと似た、前代未聞の批評的明晰性と激しい道徳的情熱の融合が、私たちの文明全体に勢力を振るい、理性と道徳性の両者を煽動したり麻痺させたりしていると述べた。

科学的合理主義は最初に宗教的束縛を打ち砕き、次には道徳的信条の論理的根拠を問いただした。そうすることによって、科学的合理主義が道徳的信条を傷つけてきた話は、繰り返し語られている。しかしそうした月並みな説明では、現代の精神が陥っている状況は分からないだろう。

たしかに啓蒙主義は教会の権威を弱体化させ、近代実証主義はすべての超越的価値の正当性を否定してきた。しかし私は、厳密な科学的認識という理念が道徳的信条への信頼を失墜させたとしても、そのことだけではそうした信条が深く傷つけられることはなかったろうと思う。科学的懐疑主義《スケプティシズム》（＝無神論）の影響があり、近代人をそれと正反対の方向に押し流す熱狂があり、その両者が結合して初めて、近代精神の自己破壊的傾向が現れたのである。道徳的進歩を求める新しい情熱が近代の科学的懐疑主義と一体化されて初めて、近代精神の典型的状況が出現したのである。

この新しい社会的情熱はキリスト教に起源を持っていたのだが、キリスト教に対する攻撃によって惹起されたものだ。啓蒙主義哲学がキリスト教会の知的権威を弱体化させていたからこそ、キリスト教的情熱が人間の世俗的思考に波及して、社会に対する私たちの道徳的要求を広汎に活発化したのである。教会支配を打破したことは、長い目で見れば、道徳を損なうものだったのかもしれないが、初めの段階では、社会道徳の水準を高めるという効果があったのだ。

その上、当初、科学的懐疑主義は社会改良を目指す新しい情熱とうまく協力し合っていた。既成権威と闘うことによって、懐疑主義は政治的自由と人道主義的改革への道を切り開いたのである。十九世紀を通して、科学的合理主義は社会的・道徳的変革を促し、西洋文明のあらゆる領域にわたって、公私を分かたずほとんどあらゆる人間関係を改善してきたのである。事ほど左様に、フランス革命この方、現代に至るまで、科学的合理主義は知的・道徳的・社会的進歩に多大な影響を与えてきたのである。

それでは、科学の道徳的懐疑主義と、近代人による前代未聞の道徳的要求との、決定的対立はどこに由来するのだろう？

この両者が相俟って破壊的な影響力を発揮してしまう底流は、両者がまさに有益な協力関係にあった時代に、着々と形作られ、ついには最近の五十年間で表面化し、支配的なものになるに至ったのである。しばらくの間は、科学的懐疑主義と道徳的完全主義はともに一層ラジカルに、なおかつ一層非妥協的になり続けて、一層深く私たちの考え方の中に染み込んでいったものだ。そして最終的に、この両者は融合してさまざまな結合体となり、その各々が危険な内的矛盾を体現することになったのである。

そうした懐疑主義と完全主義の交配種は二つに分類される。一つは個人的《パーソナル》なもので、もう一つは政治的なものだ。

個人的な交配種のタイプは、近代の実存主義がその代表だろう。科学的無私《ディタッチメント》はありのままの事実の世界を伝えるものだとされる。そこには権威や伝統を正当化するものは何も存在しない。事実はそういうものとして存在する。しかしあとの部分については、人間が自由に決定してもよい。こうした教えを受けたら、道徳的完全主義はさぞやショックを被るだろうと思われるかもしれないが、とんでもない。道徳的完全主義はこの教義を喜んで受け入れるのだ。なぜなら、近代実存主義は道徳的懐疑主義（＝無神論）を利用して、現行社会の道徳を人為的、イデオロギー的、偽善的として糾弾するからである。

かくして道徳的懐疑主義と道徳的完全主義は手を携えて、あけすけな道徳性の表現をことごとく疑うことになる。このとき私たちは道徳的情熱を燃やすのだが、それは道徳が有する理念への軽蔑に満ちている。そして道徳的情熱は、一旦それ自身の理念を遠ざけてしまうと、反道徳主義の形でしか自らを表現し得なくなってしまう。底なしの傲慢さ、無根拠の犯罪や倒錯、自己憎悪や絶望……、それらを告白する行為は、「自己欺瞞(二)(bad faith)」という焼け付くような自己不信に対する、唯一の防壁として維持されるのだ。近代の実存主義者たちは、サド侯爵をこの種の最初期の道徳家《モラリスト》とみなしている。小説では、ドストエフスキーの『悪霊』におけるスタブローギンがその古典的代表である。その理論の大要が最初に述べられたのは、おそらくニーチェの『道徳の系譜学』だろう。ランボーの『地獄の季節』はその最初の重要な詩的顕現《エピファニー》であった。近代文学は

「告白」に満ちているのだ。

これらの運動によって確立された道徳概念は善と悪の区別をなくしてしまう。したがって、道徳的非難を以てこの概念に異を唱えても無意味なのだ。

ここに至って、近代人による、前例のない明晰な批判精神は、同じく前例のない道徳的要求と融合して、怒りに満ちた絶対的個人主義を生み出す。しかしこれと前後して、同じ融合作用が、個人の全面的抑圧を認める政治的教義を生み出す。すると科学的懐疑主義と道徳的完全主義が結束して、道徳的理念を打ち出すいかなる主張をも無用でインチキなものだと糾弾し始める。その完全主義は社会の全面的改変を求める。しかしそうしたユートピア計画は自らの正体を現すことが許されない。それは自らの道徳的動機を明かさず、それを権力闘争のうちに形象化する。なぜなら権力闘争が自動的にユートピアの目的を実現すると信じられているからだ。この信念のために、それはマルクス主義の科学的理論を盲目的に受け入れる。マルクス主義は、自らの理論に近代人の果てしない道徳的野心を具現化し、一般生活の道徳的動機には現実性がないとして、近代人の理想を懐疑から守ってやる。マルクス主義の力は、近代精神の矛盾する二つの力を単一の政治的教義へと統合したことにあるのだ。かくして世界を包摂する理論が始まり、その理論によって、道徳的憤怒は道徳的疑念を燃え上がらせ、さらに科学的暴力革命主義《ニヒリズム》は道徳的憤怒に武器を取らせるのである。

一九三五年春、ブハーリンは丁重な口調で、社会主義下ではもはや科学的真理がそれ自身のために探求されることはないだろうと述べ、その種の議論に終止符を打った。道徳的完全主義は、いまや科学的に正当化された政治権力に具現化されているので、もはや真実を探求する余地を持たなかったのである。三年後に、すなわち迫り来る死を前に、ブハーリンはそのことを肯定した。彼は自らの真意に反して偽証を行ったのである。なぜならもし真実を語っていたら、それは革命を断罪することになっていただろうし、革命の断罪など、想像すらできないことだったのである。

途方もないと思われるかもしれないが、もし物事を認識するときの仕組みを吟味し直せば、こうした自己破壊的な諸力に対する見方も変わってくるだろうと期待される。私がいまだに認識の仕組みを吟味し直すことは今日においても有効だろうと信じているのは、最近、今のような状況を生んだ諸理論に対する嫌悪が、顕著になっているからである。ソビエト帝国の内外で、人々は懐疑主義と完全主義の組み合わせから生まれた諸理論にウンザリしているではないか。私たちの依って立つ基礎に立ち返って、それを新たに、より真実に基づいた形で築き直そうと試みるのも、意味のあることかもしれない。

それについて、私はすでにいくつかの観点から予備的な検討をしている。私がこれまでに述べてきたことはすべて、次のことを意味していたのだ。すなわち、啓蒙主義から生まれた壮大な哲学運動は人間の絶対的な知的自己決断を高らかに謳い上げたが、その根拠となったものを否定する。なぜなら、暗黙的思考があらゆる認識に不可欠の要素であり、なおかつすべての明示的認識に意味を与える究極の知能だとするなら、それは、現世代は言わずもがな、後続の世代が自分の受けた教えを批判的に検証する可能性を否定することになるからだ。特定可能な根拠に由来していることが明らかな記述は、その根拠や推論の過程を吟味することによって、批判的に検証することができる。しかしもし私たちが、説明することのできない多くのことを認識しているならば、どうであろう。さらにもし私たちが認識して説明できる事柄ですら、それ自身を越える実在《リアリティ》とそれとの関わりに照らして初めて、真実として受け入れられるのだとするなら、どうであろう。

ここで言う実在とは、その範囲も定まらないまま思いも寄らない結果を伴って、将来出現する何ものかのことなのだが。つまり、もし私たちがほんとうに、より広汎な、いまだ知られざる未来の発露によって、偉大な発見とか偉大な個性をきわめてリアルなものとして認識するとしたら、どうであろう。そのときには、完全に特定可能な根拠に基づく認識という考え方は、崩壊することになる。そして私たちはこう結論せざるを得なくなるだろう。すなわち、一つの世代から後続の世代への知識の伝達は、主として、暗黙的なものである。

暗黙知が、個々の諸要素が共同して構成する存在に関与（＝依拠）しながら、その諸要素の感知（awareness）に内在化することは、すでに見てきたところだ。こうした暗黙知の内在化を共有するためには、生徒は次のように推測しなければならない。すなわち、初めのうちは無意味に思われる指導も、実は、教師が実践しているのと同じような内在化を感知することによって発見され得る意味を持っている、と。そうした努力の基礎にあるのは、教師の権威を受容する姿勢である。

幼児の知性の目覚ましい発達について考えてみよう。幼児は強烈な信頼感に促されて、発言や大人の振る舞いのうちに隠された意味を推測するのだ。それが幼児が意味を把握する方法なのである。そして、そこまで教師や指導者に身を委ねることによって初めて、新しい歩みが一歩ずつ刻まれていくのである。聖アウグスティヌスも同様のことを述べている。彼はこう説いたのだ。「信じることがなければ、理解することもないだろう」

伝統主義とは認識する前に、さらに言えば、認識できるようになるために、まずは信じなければならぬと説くものだ。するとどうやら伝統主義は、知識の本質や知識の伝達に対して科学的合理主義などよりも深い洞察を携えているらしい。ちなみに科学的合理主義が私たちに信じることを許すのは、具体的なデータを基礎にして、それから正式の推論によって導かれ、繰り返しの検証に堪えられる明白な記述のみである。

しかし私は、またぞろ伝統主義を強調して定説＝教義《ドグマ》を擁護しようというのではない。私は、およそ人間文化を伝達するためには権威に対する信頼が必要不可欠だとは思うのだが、さりとて宗教的権威への服従を求めているわけではないのだ。たしかに伝統主義を強調し直すことと宗教的思想の間にはある種の関係があるのかもしれないが、私はここでその問題に立ち入ろうとは思わない。近代人の苛烈な批判精神は、まず第一に世俗的な基盤の上に立って、無限の道徳的要求と折り合いを付けられねばならないのだ。啓示宗教(二)の弱体化した権威では、そうした折り合いを実現できないだろう。それは、むしろ、近代人の苛烈な批判精神と無限の道徳的要求が折り合うことで、自らが復活させられることを期待した方がいいのかもしれない。

　私はどうしてもフランス革命の契機というものに思いを致さずにはいられない。私はあの活力《ダイナミズム》を認める。しかし私は次のように信じるのだ。人間の新しい自決権は、それを支える権威ある伝統的枠組み内での、自らの限界を見定めることによって初めて、自滅を免れることができる。トマス・ペイン(三)が「それぞれの世代は自らの諸制度を更新する権利を有する」と公言できたのも、彼が要求した範囲が実際にはきわめて控えめなものだったからなのだ。彼は、自決権の枠組みとして、文化と私有財産制の持続を無条件に受け入れていた。今日、トマス・ペインの思想が自壊を免れているのは、ひとえに伝統的持続が入念に再認識されているからなのである。無限の漸進というペインの理念が革命による破壊を免れているのは、ひとえにペインの好敵手エドマンド・バーク(四)に教えられた種類の伝統主義のお陰なのである。

◇　◇　◇

まずは一つの偉大なる近代的企図の実例を示して、その中で不可避的に伝統的枠組みが必要とされた経緯を述べてみよう。次にそれを、自由でダイナミックな社会において他の知的・道徳的発展がたどるであろう範例《パラダイム》として活用してみよう。私が例に採ろうと考えているのは自然科学である。そう言うと驚かれる向きもあるだろう。なぜなら、近代科学は断固として権威を排除することで打ち立てられたものだからである。近代科学の形成期に当たる数世紀の間、権威に対する反抗は闘争のスローガンであった。それはベーコンやデカルト、さらには「言葉は無用 *Nullius in Verba*」という標語のかたちで王立協会《ロイヤル・ソサエティ》の創建者たちが唱えたことであった。彼らの言ったことは当時としては正しく重要であった。しかし彼らの闘っていた敵方が敗れ去ってしまうと、科学の手ですべての権威と伝統を否認することは、人を惑わせるスローガンになってしまった(8)。

通俗科学概念が教えるところによれば、科学は観察可能な事実の集積であり、しかもそれは誰でも自力で検証可能なものなのだという。私たちはそれが、たとえば病気の診断の場合のように、熟練した知識の場合には当てはまらないことをすでに見てきた。しかしそれはまた物理科学の場合にも当てはまらない。そもそも、一般人が、たとえば天文学や化学の記述を検証するための装置を手にするなど、とうていかなわぬ事なのだ。もしあなたが、どうにかして天文台や化学実験室を利用できたとしても、たぶん観察活動を行う前に、そうした施設の装置に修理不能な損傷を与えてしまうのが落ちだろう。また、万が一あなたがある科学的記述を検証するための観察に成功し、その科学的記述に反する結果を得たとしても、あなたの方が間違ったのだと考えるのが筋というものだ。一般人が科学的記述を受け入れる行為は、権威に基づいている。そしてそれは、ほとんど同じ程度において、自分の専門外の科学分野の成果を利用する科学者たちにも当てはまる。科学者たちは自らの発見した事実を裏付けるために、同業の科学者たちに大いに依存しなければならないのだ。

こうした権威は、他のすべての科学者たちに論文が届けられるさまざまな回路に科学者たちが支配を及ぼしているとき、はるかに個人的なやり方で行使される。充分に妥当と思われる論文だけが科学誌での掲載を認められ、掲載を拒否された論文は科学的に黙殺されるのだ。そうした判断の基になるのは、事物の本性に関する科学的信念、また科学的価値を生み出しそうな方法に関する科学的信念である。こうした信念とそれに基づく科学的な探求方法を体系化するのは、難しい。それらは、主として、科学的探求に従事する伝統的方法の中に暗黙裡に含意されているものだからである。

私が言わんとしているところを証明するために、不条理なまでに妥当性を欠く主張を例示しよう。それは私が二十五年前に科学誌『ネイチャー』に掲載された投書の中に見つけたものだ。この投書の主は、ウサギから牛に至る種々の動物の平均妊娠期間は円周率の整数倍に当たると述べていたものだ。彼が提出した証拠は豊富で、辻褄も合っていた。しかし、『ネイチャー』誌がこの投稿を掲載したのは単なるジョークのつもりだったのだ。いくら証拠を積み重ねても、妊娠期間が円周率の整数倍になるなどと、現代の生物学者が信じるわけがない。事物の本性に関して私たちが所持している概念によればそうした理論は馬鹿げているのだが、さりとてそれを証明する手立てが与えられているわけではない。物理学からもうひとつの、もっと技術的な事例が、一九四七年の『王立協会報』に掲載されたレイリー卿の論文の中に見出される。その投書はいくつかのきわめて単純な実験について述べている。彼の意見によれば、金属線に衝突した水素原子は百電子ボルトに達するエネルギーをその金属線に伝え得るのだという。もしそれが正しいなら、この実験結果は一九三九年のオットー・ハーン(五)による原子核分裂の発見などよりはるかに革命的なものだったろう。しかしこの論文が発表されたとき、私が何人かの物理学者たちにそれについての意見を求めたら、彼らはただ肩をすくめてみせただけだった。彼らはレイリー卿の実験に何らの落ち度も見出せなかったが、その結果を信じなかっただけではなく、検証はおろか、その実験のどこに誤りがあるのかなんて考察する価値すらもないと思っていた。彼らはただそれを無視したのだ。それから約十年後、偶然にもレイリー卿の発見の内幕を明かす、いくつかの実験が私の注意を惹くことになる。彼の実験結果は、明らかに、取るに足りない幾つかの隠れた要素がもたらしたものだった。しかし当時の彼には、それが取るに足りないものだということが、ほとんど分からなかったのである。彼は自分の実験結果を無視すべきだったのだ。なぜなら彼は、そのどこかが間違っているに違いないと認識して当然だったのだから。(9)

妥当性がないからと退けたのに、それが間違いであることもよくあった。しかしそうした間違いを犯す危険を避けるには、その代償として、科学誌に馬鹿げた投稿が殺到する事態は黙認されるしかないだろう。

科学界の権威は科学者たちに影響を及ぼすのだが、その権威が遵守しなくてはならない、もうひとつの条件がある。科学としての要件を少しでも満たすためには、事実の記述は真実であるだけではなく、興味深いもの、さらに詳しく言えば、科学にとって興味深いものでもなくてはならない。なるほど信頼性や厳密性は科学的利益に貢献する要素ではあるが、それだけでは不十分なのである。さらに二つの要素が貢献の可能性を持つ。その一つは科学的体系の構造に対する関係、つまりその要素が科学的体系の構造を修正もしくは拡張するかどうかということだ。もう一つは信頼性とも発見への体系的関心ともまったく無関係の事柄である。なぜならそれは主題対象の中に、科学によって取り上げられる前から知られていた主題の中に、存在しているものだからだ。それは主題対象に元から備わっている興趣《インタレスト》＝重要性である。

したがって、ある論文の科学的重要性――または科学的価値――は次の三つの要素から成っているということになる。すなわち、「厳密性」、「体系的重要性」、「内在的興趣」

である。これらの要素が科学的価値に入り込む割合は、いくつかある科学領域によって大きく異なっている。一つの要素が小さくなっても、別な要素がそれを補って大きくなる場合もあるだろう。厳密性の度合いがもっとも高く、体系性の範囲がもっとも広いのは数理物理学だが、この領域ではその代償として非生命的対象の内在的興趣は小さくなっている。これと対照的な科学分野に動物学や植物学があり、そこでは厳密性もなく、物理学に比較しうる範囲の体系的構造もないが、その代わりに、無生物に比べてはるかに大きな内在的興趣が生物には存在している。一連の科学的知識が今日あるのは、「厳密性」と「体系的重要性」と「主題対象の一般的興趣」の複合的効果という観点から判断して充分な科学的価値を持たない論文を、レフェリーたちが絶え間なく排除しているお陰なのである。科学は、かような科学界の慎重な評価によって、形成されるのだ。

すると次のような疑問を持たれる向きもあるだろう。科学的妥当性をめぐる現行の科学界の審判が順応を強いているとするなら、真の独創性が生まれる余地はどうやってできるのだろう？　というのも、紛れもなくそうした余地は存在しており、科学は驚くべき大発展を遂げているからである。事実上の独断主義的条件下で、こうした驚くべき発展がどうして可能だったのだろう？

理論には「不意の確証（surprising confirmations）」が存在する、とよく言われる。コロンブスによるアメリカの発見は、地球は丸いという理論の不意の確証であった。電子線回折はド・ブロイの物質波理論の不意の確証であった。遺伝学の発見はメンデルの法則の不意の確証をもたらした。あらゆる科学的発展の内に、このような実例が存在する。つまり発見は、現行の知識が示唆する探求可能性によって、もたらされるのである。

さらにこのことは、根本的な新発見にも当てはまる。ドイツの物理学者マックス・プランクが一九〇〇年に量子論を築いたときに用いたすべてのデータは、他のすべての物理学者たちの検証にも自由に付されていた。しかしそのデータの中に人類の未来を一変させる新秩序が刻み込まれていることを見抜いたのは、彼一人だけだった。他の科学者の誰一人として、この新発見をまったく洞察し得なかったのである。それはアインシュタインの発見よりももっと孤独なものだった。二、三年の内にその発見を確証する多くの衝撃的事実が現れたが、プランクの考えはあまりにも予想外なものだったので、主要な物理学者たちが量子論を受け入れるまでに十一年も要したのである。一九一四年に至るも、量子に関する論争は消えやらず、ベルリンの大ヴァルター・ネルンスト邸[六]の晩餐会ではジョークの種にすらなったものだ。リンデマン[七]という大学院生（のちのチャーウェル卿）が裕福な女性と結婚したばかりの学友について、これまで彼はエネルギー等分配論者だったのに今では量子（＝量 quanta）を信奉している、と揶揄したのである。しかしさらに三十年経ってみると、科学界でのプランクの地位は、ほとんどニュートンと肩を並べるほどになりつつあった。

　科学は途方もない範囲にわたって権威主義的審判を行うが、他方で科学は、各論のレベルでは異説を認めるだけではなく、創造的異説に対しては最大限の激励を惜しまない。事物の本性について現在認められている見解と矛盾するという理由で、科学的諸制度の機構は提示された論文を容赦なく却下するが、他方で同じ科学的権威が、そうした、定説に著しい修正をもたらすような見解に対して最大級の敬意を払うのである。

　こうした明らかな自己矛盾も、私たちが外界を認識する際にいつもその底流にある、形而上学的根拠に立脚すれば解決される。ある物体を見ると、その物体には別の側面と隠れた内部があり、私たちはそうしようと思えばそれらを探求できるということが分かる。つまり、誰かを見るということは、無限に存在するその人の精神と肉体の隠れた働きをも見るということなのだ。知覚とはかように底なしに奥深いものなのである。なぜなら、私たちが知覚するのは実在《リアリティ》の一側面であり、したがって数ある実在の側面は、いまだ明かされざる、おそらくいまだ想像されざる、無限の経験に至る手掛かりになるからである。生産性の高い科学者にとって現存する一連の科学思想が意味するものとは、そういうことである。彼はその中に実在の一側面を見出すのであり、それは新しく有望な諸問題の無尽蔵の供給源になること請け合いなのである。かくして彼の仕事は以下のような事態を確証するに至る。すなわち——私が第I章で述べた通り——科学は実在《リアリティ》の本質を洞察するがゆえに、実り豊かなものであり続ける。

こうした科学観は科学者なら誰でも信じていること、すなわち、科学は私たちに実在の一側面を提供し、それはやがて実在の真実を無尽蔵に、しかもしばしば意外なかたちで明らかにするということを、承認しているのにすぎない。この信念を抱いて初めて科学者は問題を着想し、探求を持続し、発見に至る。さらにこの信念は、彼が学生に教えたり世間に影響力を及ぼしたりする際に彼が立脚する根拠にもなるのだ。そして、まさにこの信念を次代に伝えることによって、科学者は自らの教え子に自立的な根拠を授けるのであり、教え子はその根拠に則って自前の発見へと旅立ち、ひょっとしたら恩師に反旗を翻すことにもなるのだ。

新事実の発見は既成事実への関心を変更するかもしれないし、知的標準そのものが変更される可能性もある。分光学への関心はボーアの原子構造論によってがらりと一新され、さらにその斬新な魅力は科学的な美の標準に変更をもたらした。数理物理学が陥っていた知的満足を変質させるのに、単一の業績では、プランクによる量子論の発見ほど大きな影響を与えたものはない。こうした変化を何世紀にも亘って支えてきたのは、変化によってより深い実在《リアリティ》の理解がもたらされるという信念であった。これは科学的価値が実在することへの信念を証明するものである。この信念を携えることによって初めて、科学者は自らの探求を、科学的価値が約束される任務へと振り向けることができるのだ。そしてこの確信に支えられて初めて、科学者は普遍的意味を持つ新しい標準を創始できるのである。それだからこそ科学者は自らの学生たちに今ある価値観を尊重するように説き、さらに、いつの日か、自前の洞察力によって、その価値観を深めるようにと励ますこともできるのだ。

しかし科学的手続きに関していくら説明を費やしても、その正当性が保証される訳のものでもない。もし私が、科学者の抱く形而上学的信念は必らずや科学界に独自の学問分野をもたらし、その独創性を育成するものだと信じているのなら、私はこの信念は真実であると言明すべきなのだ。そして現実に私はそう信じているのだから、そう言明しよう。しかしそう言明したからといって、私は、事物の本性について科学者たちが承認しているすべての信念を共有しているわけではない。それどころか、私の文書のいずれを読んでも分かることだが、私は実にさまざまな分野の科学的見解、とりわけ心理学と社会学のそれに対して、異論を唱えているのだ。もっとも、異論があるとはいえ、外界に関して科学が唱える事柄の真実性については、私の信念が揺らぐことはない。

今日、こうした形而上学的信念が、一般大衆はもとより、科学者たちによって公言されることはない。近代科学が誕生したとき、それは、第一原理から導き出される形而上学ではなく、経験に基づくものだと主張していた。これまで私が言明してきたのは、科学は、科学的な事実と価値がいまだ明かされざる実在に関係すると信じて初めて、独自の学問分野と独創性を持つことができる、ということである。しかし、それは科学的知識に関する現在の哲学概念とは相容れないものなのである。

◇　◇　◇

次に私はいくつかの興味深い疑問に答えねばならない。研究は世界中の何千という独立した科学者によって行われている。しかし実態を申せば、各々の科学者が知っているのは科学のほんの一部分でしかない。他の科学者たちが何をやっているのかほとんど知らずに行われるこうした研究の成果は、どのようにして単一の科学的体系を実現するのだろう？　さらに、各々はきわめて狭い範囲の細かい科学的知識しか持たない大勢の科学者たちが、途方もなく多様な科学領域全般に対し、どのように協力し合って同じ基準を設定することができるのだろう？

今日の科学的体系は、じつに多くの地点で独立的に始められたさまざまな発展によって、前世代よりも進化したものになっている。しかしそうした個々の地点に発展の機会を提供したのは旧体系に他ならない。さまざまな科学分野の広大な領域に亘って、科学者たちはそうした地点を探し続け、各自でそれを発展させてきたのである。各々の科学者は、幾多の有望な地点で他の科学者の業績を研究し、さらに自分の特別な才能を最大限に活用できる方法を選択しようと考えてきたのである。そうした手続きが、最大限の全体的発展を実現し、後続する発展の諸段階で、科学の全体としての性格をこの上なく確固たるものにするのだ。これが、相互調整による科学の自動調節作用である。

科学の進歩と普及に資するすべての制度は、以下のような仮定に立脚している。すなわち、体系的進歩の可能性を秘めた領域というものが存在し、それは個々の科学者の独創性によって今にも現実化する。こうした信念があればこそ、科学者は終身の探求者として任ぜられ、その目的遂行のため彼らには補助金が永続的に下付されるのである。多くの高価な建造物、各種の設備や定期刊行物などが創立され、維持されるのも、この信念に基づいている。それは、科学者の共同体に加入しようとする新参者が科学者になるに当たって受け入れる、もっとも伝統的な一般的信念なのである。

ここでもうひとつの、さらに込み入った問題が持ち上がる。私たちはどうすれば、科学を体系的知識として自信を持って評し、さらに科学は、同一の科学的価値基準から判断して、そのあらゆる領域で充分に信頼できるものであり興味深いものでもあると仮定することができるのだろう？　新しい業績はあらゆる分野で同一の妥当性の基準によって受け入れられ、同一の美と独創性の基準によって報いられると、私たちはほんとうに確信が持てるのだろうか？　もし分野が異なった場合、業績が十分に平等の基準で受け入れられないとすれば、結果としてとんでもない資源の浪費になるだろう。目下のところ基準が低い分野から高い分野へと資源を移動させれば、その種の恥ずべき事態は回避しうるのだろうか？

たとえば天文学と医学といった具合に隔たりの大きな分野で、その末梢的業績の複雑な科学的価値を比較することなど、不可能だろうと思われる。しかし私が信じるところによれば、現実にそれは行われている、あるいは少なくともそれに近いことが実行されているのだ。それはある原理を適用することによって実行されている。私は他の場所でその原理について語られているのを目にしたことはないのだが、それはさまざまな分野で用いられているのだ。私はその原理を「相互制御の原理」と呼ぼうと思う。それは、今回の事例で言えば、科学者たちが互いに目を光らせ合うという、単純なことがらである。各々の科学者は他の全員の批判に晒され、同時に、彼らの好意的評価によって励まされるのだ。このようにして「科学界《サイエンティフィック・オピニオン》」が形成されると、それは科学的基準を設定し、科学者の就職の機会を統制するようになる。たしかに、互いに直接の影響力を行使できるのは、密接に関連する分野で研究する科学者仲間に限られるだろう。しかし個々の分野は「重なり合う近接分野の連鎖」を形成して、その連鎖は科学の全領域に跨るものになるだろう。妥当性と研究価値の基準を各々の現場すべてにおいて平等にすれば、定めし、科学全般にわたってその平等性が保たれるようになるだろう。そうなれば、どんなに遠くかけ離れた分野の科学者たちも、互いの成果に依拠して協力し合い、彼らの権威を深刻に脅かすいかなる素人の挑戦をも退けることができるようになるだろう。

こうした相互制御は、たとえ彼らが漠たる概要以上に互いの研究テーマを理解できなくても、科学者間に調和的なコンセンサスを作り出す。そしてこのことは、言うまでもなく、私自身にも当てはまる。私が相互調整と相互権威の作用についてここで述べたことはすべて、私自身の次のような個人的信念に基づいているのだ。すなわち、私が科学について述べてきた相互関係の諸様式は、科学全般に当てはまると見なしうる。*

*ほどなく私は、相互権威が他の文化諸領域をも統括している仕組みを、説明することになろう。しかし私が思うに、それはさらにさまざまな合意形成を行うための活動――参加者たちは活動のほんの小さな断片しか知らない――にも当てはまる。それは、競合関係にあるいかなる目的――金銭では計りがたい――にも資源が合理的に分配される仕組みを示唆している。集団的利益に資する公共支出のすべての事例がこの種のものだ。かくして、数ある政府部門のほんの小さな領域以上のことを熟知する人間は一人もいないのに、一千もの政府の部局の要求に対してかなり合理的な裁定が下されるようになるのだ。

さらに相互制御は、その膨大な領域中のいかなる特定地点でも、そこの科学的共同体へ新加入しようとする者には適用されることになる。彼らは自らの探求をスタートさせるとき、協調的な相互作用に加わり、同時に、現存する相互制御のシステムに自らの研究を参入させるのだ。しかも彼らは、現行の標準が本質的に正しいものであり、すべての科学に共通のものだと信じて、そうするのである。彼らはこの相互制御のシステムにさほど馴染むことなしに、それによって育成された伝統を信頼し、同時に、自分たちがこの伝統を解釈し直したり、ひょっとしたら新風を吹き込むことができそうな自立した地位をも要求する。

科学的共同体は幾つかの階層的特徴を持っている。しかしだからといって、科学界の権威が独立した科学者間の相互制御によって行使され、誰か一人の直接的な権限をはるかに越えるものだという事実に変わりはない。私たちが科学とその発展もしくはその歴史について語るとき、また科学的標準を口にしてそれを「科学的」と称するとき、私たちが言及しているのは、それについては誰もがまだほんの小さな断片しか知らない、いわゆる「科学」とやらなのである。すでに私たちは、科学的伝統が、経験を超える実在《リアリティ》に関わることによって、自らの更新を実現していくことを見てきた。同様に、今や私たちは、各々の科学者が自分の身の回りの事柄に関して持っている知識は、彼自身の経験をはるかに超える科学全体に関わるものであることを知っている。こうして科学者は間接的に、他の科学者全員と同じように独立した足場に立って、科学的標準を制御するのだ。またそのお返しとして、各々の科学者は自らの業績を他の科学者たちの手に委ねているのである。

各々の相互批判の応酬はどこか格闘めいており、命がけの闘争ともなりかねない。そうやって妥当性と科学的重要性の新しい標準が始まり、やがては確立されていく。こうした運動がひとつの領域で始まり、他のすべての領域へと徐々に拡散していく。かくして科学は着実に新形態になっていくのだが、科学の一貫性はその全領域にわたって維持される。私自身の話をすれば、現代の心理学と社会学の方法について幾つか意見を異にすることがあり、目下ひどい苦境に陥っている最中である。しかしだからといって、私は一貫した思考システムとしての科学の存在に疑義を抱いているわけではない。私はただ、幾つかの点で、その改革を求めているにすぎないのだ。

◇　◇　◇

これまで見てきたように、科学者たちは、科学が依拠する隠れた実在《リアリティ》の存在を信じることによって、はじめて問題を着想し研究を持続することができる。さらに私は、科学的独創性が科学的伝統から生まれ、同時にそれを更新する経緯《いきさつ》を示してきた。そこでこんどは、このプロセスが科学者の探求を支える個人的な責任感を確立する経緯を示すことができるだろう。ある一定の期間にわたって進歩が続くとき、科学的発見の最前線によって実現される進歩の見方には、たぶん二通りあるだろう。私たちはそうした進歩を、才能ある人々の精神の中で、科学の経路に沿った思考の成長が起こっている、とみなしてもよいだろう。しばしば発見が同時的に行われるという事態が、そうした考え方の裏付けになりそうだ。私たちの自然観を根本的に変えてしまう大発見ですら、異なる場所で多くの科学者によって同時に行われることがあるではないか。一九二五年に三人の創始者たちが量子力学を発見したとき、その三人が互いにあまりにも没交渉であったため、当時は、問題に対して三人が互いに相容れない解決策を提出したのだと考えられたものだ。このように見てくると、新見解の発展はすっかり予定済みのことだったと思われてくる。発見をする人々の精神は、ただ新見解の増殖に適した土壌を提供しているにすぎないように思われるのだ。

しかし事が成就《イヴェント》する以前に未来に目を向けているという点で、発見の行為は、個人的で不確定なもののようだ。それは、問題の孤独な暗示、すなわち隠れたものへの手掛かりになりそうな種々の些末な事柄の孤独な暗示から、始まるのである。それらは未だ知られざる、一貫した全体の、断片のように見える。こうした試行的な先見性《ヴィジョン》は、個人的な強迫観念へと転じられねばならない。なぜなら私たちを悶々とさせぬ問題は、もはや問題とは言えないからである。その中に衝迫《ドライヴ》が存在しなければ、問題は存在しないのだ。私たちを駆り立て導く、この強迫観念がどこから由来するものなのか、それは誰にも分からない。なぜならその内容は定義不能で不確定なものであり、きわめて個人的なものだからだ。実際、それが明らかにされていく過程は「発見」として認識されるだろう。その理由は、言うまでもなく、所定の事実に明白な規則をいくら適用し続けても、そうした発見に到達することはできないからである。真の発見者はその大胆な想像力の偉業によって称賛を受けるだろう、その想像力は思考の可能性という、海図のない海を渡ったのである。

　したがって、人間の頭脳を思考が繁殖するための受動的な土壌として使用するという、後ろ向きの思考のイメージは誤りであることが分かる。しかしそれは、紛れもなく、科学的探求のひとつの側面を代表するものでもある。事が起こったあとで顧みられる科学的進歩は、以前には隠されていたり問題の中で朧気に予感されていた可能性のことだ、と解されてもよいだろう。たしかにそう考えると、どうして異なる科学者たちがある特定の可能性の暗示を個別に感じ取り、しばしばそれを異なる手掛かりによって見つけ、そして異なる表現でそれを発見することができるのか、腑に落ちてくるというものだ。

注目すべきは、科学者はたまたま自分の脳裡をよぎったものを次から次へと試してみるだけで発見に思い至る、という広く受け容れられた見解があることだ。こうした見解が出てくるのは、隠された真実の接近を予期する人間の能力を認識することができないからである。科学者の推測や虫の知らせは、探求するための拍車であり指針なのだ。その賭け金は高く、したがって勝ったときの見返りは魅力的だが、負けた場合のリスクも大きい。はずれた推測で失われる時間と金、威信と自信は、たちまち科学者の勇気と地位を枯渇させてしまうだろう。科学者の模索は気の重い決断なのである。

こうしたことが科学的探求の過程でなされる責任ある選択である。その選択は科学者によってなされる。つまりそれは科学者の行為なのである。しかし彼が追求するものは彼の創意によるものではない。彼の行為は、彼が発見しようとしている隠れた実在による影響を受けるのだ。科学者は問題を洞察し、それに囚われ続けて、ついには発見へと飛躍するのだが、それらはすべて、始めから終わりまで、外界の対象からの恩義を被っているのだ。したがって、こうしたきわめて個人的な行為においては、我意が存在する余地はまったくない。独創性は、あらゆる段階で、人間精神内の真実を増進させるという責任感によって支配されている。その自由とは完全なる奉仕のことなのだ。

ジョン・デューイ（八）が十九世紀末に説いて以来、多くの者がこう述べてきた。すなわち、私たちはある程度、すべての知識を、それを知る過程で、形成していく。こうした考えは、知を観察者の気まぐれに委ねてしまうもののように思われる。しかし科学的探求を検証することによって私たちが知ったのは、認識者が自分の予感を形作るときですら、非個人的な要求によっていかに制御されているかということである。科学者の行為は個人的な判断だが、それは彼が接触しようとしている実在を顧慮しながら、責任を持って行われるものなのだ。このことは外界の真実を探求し発見するあらゆる行為に当てはまる。

科学が真実であることを認めようとするとき、これほど断固たる正当化は存在しない。あまりに断固としすぎて、それは欠陥のように思えるくらいだ。だから科学的主張を弱めてそうした欠陥を補おうと、さまざまな試みがなされてきたのだ。そのために科学の不確実性と過渡性が強調され、誇張されたこともある。しかしそれは見当違いなのだ。「可能性」を論ずる主張は、「確実性」を論ずる主張と同様に、個人的な判断を含んでいる。それが推測だと言われようが確実だと主張されようが、結論とは、おしなべて、それに到達する人間の掛かり合い《コミットメント》を表現するものなのである。何人といえども、自分自身の責任ある掛かり合い以上のものを口にすることはできないし、それは真実の発見とその発表を完璧に実現するものでもある。

なぜなら、科学者は、探求の途上で、外界の隠れた実在の存在に依拠し続け、さらに自分の思惑通りの結果を得てその結果の妥当性を主張するときも、当然、その外界の存在に依拠するだろうから。科学者は、外界にある探求の標的によって課される規律《ディシプリン》を終始一貫受け入れてきた。そこで、もし他の人々が彼と同じような備えができているなら、彼らもまた彼を導いてきたものの存在を認めるように期待する。科学者は、自らを実在の探求に縛りつけてきた自分自身の命令に従って、彼の結果が普遍的に妥当なものであることを主張するだろう。科学的発見が普遍的に志向しているのは、こうしたことなのである。

私は「確立された」普遍性についてではなく、普遍的な「志向」について語っているのだ。なぜなら科学者は、彼の主張が受け入れられるかどうか知り得ないからである。彼の主張は誤りだと判明するかもしれないし、あるいは、たとえ真実だとしても、説得性に欠けるかもしれない。科学者は、自分の結論が結局は受け入れられないことを予想することすらあるかもしれない。いずれにせよ、受け入れられることがその真実性を保証するものではないだろう。ある主張が真実だと訴えるのは、単に、それがみんなに受け入れられるべきだと断じているにすぎない。科学的真実の主張は、他の価値判断の場合でも見られることだが、強制的な性格を持っている。それが普遍的であると宣言されるのは、私たち自身がそうした価値判断を尊重しているからなのである。

これまで私は問題が醸し出す興奮について語り、発見に欠かすことのできない拍車と指針になる虫の知らせや洞察力への強迫観念について語ってきた。しかし科学は感情に動かされぬものだということになっている。それどころか、今日では、その風潮が理想化されて、科学者は自らの推測の結果を意に介さぬばかりではなく、実際にその反証を求めたりもすると思われる始末なのである。[10] これは経験的事実に反するばかりではなく、論理的にもあり得ないことだ。活動中の科学者の推測は発見を求める想像力に由来するものだ。そうした努力は失敗の危険を伴うが、決して失敗を求めるものではない。有り体にいえば、科学者に失敗のリスクを負わせるのは、成功への渇望に他ならない。それは仕方のないことなのだ。法廷は正反対の言い分を闘わせるために二人の法律家を雇う。なぜなら、ある特定の見解へ熱烈な掛かり合い《コミットメント》を持って、初めて想像力は自らの陳述を裏付ける証拠を発見することができるからである。

　想像力の創造的推力はさまざまな要因から力を得ている。まず、予期される発見の美と、それが孤独のうちに達成される興奮が、力を与える。さらに科学者は職業上の成功をも求める。そして、もし科学界が業績に正当なる評価を与えるならば、野心もまた発見を促す真の拍車として役立つだろう。

その更新に科学者が責任を負っている科学部門は情報の海に囲まれているのだが、科学者は自らの企図を推進するためにその海に依拠せざるをえない。科学者は自分が選んだ分野を「天職」と呼ぶだろうし、それは必然的に、彼が選んだ探求分野を囲繞する情報と信念の広大な領域に服従することを含む。各々の科学者の天職はそれぞれ異なる事情《ジオグラフィ》を抱えている。各々の科学者は、自分が制御可能な範囲よりも大きすぎたり難しすぎたりしない問題を選ぶように努めねばならない。もし小さすぎる課題に従事すれば彼の能力は十分に発揮されないだろうし、大きすぎる課題ではその能力はことごとく空費されてしまうだろう。それゆえ、科学者という人種はおよそ自分には独創性が備わっていると信じているものだが、その独創性の程度に応じて、彼が果敢に取り組もうとしている範囲のみならず、彼が何の疑問もなく受け入れる情報の範囲も、定められるべきなのだ。ゲーテは、達人は抑制によってその道を極めると語ったが、それと同じことが科学にも当てはまるのである。

◇　◇　◇

私は科学的発見について説明することによって、ひとつの実存的選択（existential choice）について語っていたのだ。私たちは、もっぱら問題の従属的要素に関心を向けながら発見の探求を開始し、より一層前進するにつれてさらなる手掛かりに関心を注ぎ続けていく。その結果、私たちは、それに精一杯の掛かり合い《コミットメント》を保ちながら、実在《リアリティ》の一側面としての発見に到達する。こうした一連の選択は私たちの内部に新しい実存《イグジスタンス》を創り出す。そしてその実存はその姿に似せて他者もまた自己改革を遂げるよう働きかける。そこで、この限りにおいて、「実存は本質に先立つ」と言えるのだ。すなわち、真実とは私たちが確立し我がものとするものなのだが、その真実に先立って実存がある、ということだ。

しかしそれは「人間は自分自身の始まりにして、すべての価値の作者である」ということなのだろうか？　もし科学の独創性が実存的選択の一例だとするなら、そうしたニーチェやサルトルの実存主義から来る主張は、舌足らずなものに思えてくる。もっとも大胆な科学的革新は、科学者が問題の背景として何の疑いもなく受け入れている広大な範囲の情報から生まれる。たとえ科学者が標準的な科学的価値観を修正せざるを得なくなった場合でも、現行の標準がこの改革の基盤になるだろう。その名を耳にしたこともない何千という科学者仲間に取り持たれながら、科学者は総体としての科学を何の疑いもなく受け入れているのだ。

しかし科学者の探求は、彼に一連の選択を強いることによって、彼を変えてしまう。これは彼が実存的に自分自身を選択しているということなのだろうか？　ある意味では、そうである。というのも、紛れもなく彼は知的成長を希求しているのだから。しかし彼は気楽な調子で新しい実存を選択しているわけではない。彼は自らの想像力を極限まで発揮して、優れた精神生活につながる道を探そうとしている。彼のすべての選択は発見の可能性を追ってなされる。つまり彼の精神的実存の拡張につながるさまざまな理解の段階を感知して、それに従うことによってなされるのだ。各々の段階のすべてで、彼は目前の必要に迫られて努力する。科学者の自由とは持続的な奉仕のことなのである。

ここにあるのは、世界全体を包含してそれに対する責任を宣言するような実存的選択などではない。そのような選択をしたなら、その選択が責任を引き受けねばならないような中心も、またその選択の善し悪しが判断される基準も、存在しなくなるだろう。不可能なる責任、これこそ実存主義者の不条理的世界観の起源なのだが、もうそれは明らかな自己矛盾に思われるのだ。

正反対の状況を考えてみる。たとえばスターリン主義下で説かれる科学理論も同じように誤ったものである。階級なき社会における科学的探求――コペルニクスとニュートン、そしてハーヴィー、ダーウィンとアインシュタインの名が記された探求だ――は、無条件に、次期五カ年計画の発展を目的とすべきだと宣言するなんて、まったく馬鹿げた話なのだ。

しかしこうした教義がソビエト・ロシアに重大な結果をもたらさなかったという訳ではないし、英国に影響を及ぼさなかったわけでもない。私はこの教義に対抗して科学の自由を正当化しようとした。その結果、二十世紀のこれまでの時代、ずっと私たちの科学観を支配してきた厳格な経験主義の弱点に気づいたのである。私はこの哲学がソビエトの政策に対して科学を無防備にしていると思い、私たち人間は、形而上学的な立脚点に立って、初めて人間に固有の創造力をあきらかにできるのだという確信を持った。このとき私は、科学における自由を成立させる前提にも直面していたのである。

しかし弁証法的唯物論を科学に押しつけるよりももっと執拗に行われたのは、文学と芸術を社会主義リアリズムに服従させたり、真実と道徳と正義の概念を党派性に服従させることだった。これらの教義が盛んになったのは一九三二年頃だが、大幅な緩和が図られるようになったのは、ようやく一九五六年のハンガリーとポーランドの大改革(十)を経てからだった。そうした教義は、共産党への絶対的忠誠の中で、立脚点を失った人間の理念を体現しようとするものであった。

私は科学が自立するための確固たる足場を説いて、こうした教義で科学を変容させようという企図に反論してきた。こうした反論は、いまや科学を越えた人間の主要原理全般にまで拡張されねばならないだろう。ここでそれを試してみることはできないが、科学以外の創造的な近代精神のシステム全般にも広く妥当する科学の基盤について、その概略——とても大まかなものになるだろうが——は示そうと思う。

科学的伝統が自己革新するための力の源泉は、隠れた実在《リアリティ》が存在するという確信である。現在の科学はその実在の一つの側面であり、他の側面は将来の発見によって明かされるはずなのだ。思考の発展を育むいかなる伝統も、次のような点を教え込むという志向を持たねばならない。すなわち、現行の理想は未知の真実に至るための一段階であり、真実が発見されたとき、その真実は自らを産み出した教えそのものに反するかもしれないということである。こうした伝統はその信奉者たちに確固たる独立心を与える。なぜならそれは、思考は固有のパワーを持ち、隠れた真実の暗示によって人間の精神に呼び起こされるものだ、という確信を伝えているからだ。それは、そうした反応ができる能力を持つものとして、個人に敬意を払っている。つまり、他の人々には見えない問題を見て、自分自身の責任においてそれを探求するという能力を持つものとして。これこそ自由でダイナミックな社会における知的生活の、形而上学的基盤なのである。それは、言い換えるなら、こうした社会における知的生活を守る原理なのである。私はこのような社会を「探求者の社会」と呼ぶ。

探求者の社会では、人間は考えている。探求者としての人間は、潜在的発見のど真ん中に身を置く。それによって彼は無数の問題が出来する可能性の海に投じられるのだ。

これまで検証してきたように、科学者たちは、世界のあちこちで、一つの広大な潜在的思考の領域に身を投じ、各々がその中に自分の性分にあった分野を見出して発展させ、やがてその結果は統合されて広大な科学的体系が産み出されていく。現代における科学以外の思考様式も、これと同じようにして発展してきたのである。私たちの時代は、これまでになく豊かな文学や芸術運動が収斂していく姿を目の当たりにしている。啓蒙主義の理念は、互いに関連し合う多くの形で、科学主義とロマン主義を増殖させていった。そして十八世紀末以来、法の整備と社会改良が、相互に関連する多くの点で、生活を人間的なものにしてきた。さらに同じようにして、絶対的懐疑主義と完全主義の混成種は、二十世紀において、小説、詩、音楽、絵画の新運動を発生させてきた。もっとも、周知の通り、こうした運動は、同時に、ありとあらゆる圧政や残虐行為を伴う現代の狂信主義を前触れする諸理論をも、生み出したのである。

探求者の社会に及ぼされる権威の構造は、教条主義的な世界が服しているそれとは異なっている。もういちど科学を例にとって考えてみよう。私はすでに相互制御の原理について述べている。すなわちこの原理によって、各々の科学者は、それぞれ独立して、自分がほとんど何も知らない膨大な探求領域の科学的伝統を維持するために、自分の役割を果たすのである。探求者の社会は、こうした相互に及ぼし合う権威によって、徹頭徹尾制御されている。文学や芸術の世界で行使される圧力は悪名高い。科学界が科学のためにそうするのと同じように、文学界や芸術界は一般に認められるための機会を支配してしまうのだ。科学界とまったく同じように、その世界のプロの見解が一般の評価を牛耳ってしまう。むろん、両者の間に違いはある。たとえば、科学に比べて文学や芸術では、間接的な権威への信頼が及ぶ範囲は狭く、また、対立する見解の亀裂はより深刻なものになる。私たちの社会では、道徳観もまた、意見の相違の大きい諸集団が互いに評価を応酬し合うことによって、活発に涵養されていく。そして政治の世界では、こうした諸集団は徐々にライバルとして組織されていくのだ。

しかしこうした事例をことごとく検証する必要はない。こうしたすべての集団は思考の本質的パワーを醸成して影響力を持つようになることが分かっているので、そうした検証は不必要になるのだ。というのも、そうした諸集団、プロの社会——その中には、たぶん、互いに讃辞を呈し合うだけのお仲間にすぎないものもあろうが——は、近代の全体主義的支配者からは怖れられ憎悪されるからである。この諸集団が怖れられる理由は、そこに思考する人間がいるからである。支配者といえども人間の思考に権力を及ぼすことはできない。彼らは科学者集団よりも怖れられる。なぜなら文学と詩の真実、歴史と政治思想の真実、哲学、道徳、法原理の真実は、科学の真実よりも、全体主義にとっては致命的な問題だからだ。それゆえ、こうした真実が独立的に醸成されることは、近代専制主義にとって許しがたい脅威となるのである。

今や私は科学的探求の基調をなす諸原理を大ざっぱに一般化して、科学以外の人間の諸観念の醸成をもその中に組み込んだ。その結果分かったのは、ところを問わず、私たちの自己決定に対して、たいへん綿密に、思考の成長が本質的な限定を加えているということである。その人の天職が文学や芸術にあろうと、道徳的・社会的改良にあろうと、もっとも革命的な精神の持ち主ですら、自分の天職として、小さな責任領域を選ばざるをえないだろうし、それを変化させるためには、その前提として、周囲の世界に依拠することになるだろう。思考や社会を丸ごと変えようとする完全主義は、破壊のプログラムであり、せいぜい見せかけの世界を構築するのが関の山だろう。実存主義者たちは、自分自身が選択したものではない価値観をことごとく軽蔑し、「自己欺瞞」だとして非難するが、それだとて、完全主義と同じように、空虚であるか破壊的なのである。

絶対的な自己決定の主張と完全主義の要求を処理するには、もうひとつの方法がある。継起的な実在《リアリティ》の諸段階が互いに関連づけられるロジックを呈示すれば、そうした行き過ぎた企てを退けることができるのだ。より高次な原理が機能するためには、おしなべてより低次の現実レベルに依拠しなければならない。したがって、それは必然的にその作用域に限界を設けられることになる。しかしだからといって、高次レベルが低次レベルの諸条件に還元されるわけではない。この主張は、私たちの理念に籠もる内在的パワーを疑問視する現在の文化的動向に、異を立てるものだ。私たちの高次の精神的諸原理は、ことごとく、心理学や社会学による分析、歴史的決定論、機械的モデルやコンピュータなどの誤った理論で、説明し尽くされてしまう危険に晒されている。もっとも、こんなに戦線が広くては、ここでおいそれと参戦するわけにもいかないが。

それでも私は、こうしたさまざまな理論に関連して、一言申しておかねばならない。それは、人間が極端な懐疑主義《スケプティシズム》＝無神論と完全主義との組み合わせに関与するとき、その中核にある人間の主要理念についてである。これまで私は次のように具体的な約束をしている。無限の自己決定を主張すれば自己破壊を招きかねないが、それを免れる道徳的原理の居場所を探し出してみせる、と。完全なる社会と完全なる道徳を求める声を考察すると、そこには継起的な実在の諸段階が存在することが分かる。権力と利益の組織体としての社会は、一つの段階を構成するが、その道徳的原理はその上の段階に存在するのだ。高次の段階は低次の段階に根を下ろしている。つまり、道徳的発展（＝高次段階）が実現しうるのは、権力の行使によって機能し、物質的利益を目的とする、社会という媒体（＝低次段階）の範囲内のことにすぎないのだ。私たちは次の事実を受け入れねばなるまい。すなわち、いかなる道徳的進展も、まさにそれをもたらし得る唯一の存在たる、この社会というメカニズムの汚れにまみれざるを得ないということ。したがって社会に絶対的な道徳性を強要しようとする企ては、所詮は制御不能な暴力を生み出してしまう空想にかまけることなのだ。

　スターリンの死後、ソビエト帝国では自由化運動が湧き上がり、その運動は次第に拡大して、ハンガリー、ポーランド、そしてついにはロシア自身の若い共産主義リーダーたちの反乱を引き起こしている。こうした事態を受けて、過激な批判をすることもなく熱狂的に道徳を主張することもない、バランスの取れた精神は、これまで経験したことのない新しい緊急の問題に直面している。現在の問題は、この急変が思想の自由のための着実な運動を生み出すかどうかという点なのである。一九五六年の動乱に参加したあと英国に避難したハンガリーの友人たちの話を聞き、さらに彼らが熱烈なスターリン主義者であった時代とそれ以後彼らが経験した信条の変化について書かれた文書を読むと、私は、彼らの希望は十九世紀末に思想の自由を鼓舞した希望と、基本的に同様のものであることに気づく。それは、子ども時代の私がハンガリーで成長していくときに携えていた希望である。しかし私がそうした理想を呼吸していたときにあった無垢さはもう戻ってこない。自由主義的伝統の再生は、その基盤を新たな意識で理解し直し、完全主義と一体化した近代の「自己不信」に抵抗する基盤に立って、それを確立することができたとき、初めて確かなものになることができるのだ。

◇　◇　◇

この点は胸に留めておこう。そして、私は、私たちの時代が求めるものに答えようとして、これまでさまざまな考えを展開してきたが、その考えの宇宙論的背景について、もう少し紙数を費やしてみたい。

私は、問題に直面したときの人間が、どうやって責任ある判断を下すことができるのかをすでに示している。答えを探して右往左往しているときの彼の決断は、未解決の問題の答えは不確定であるという意味で、当然、不確定である。しかし彼の決断はまた、すでに定まっている問題の答えを探し出さねばならないという、責任を負ってもいるのだ。前述したように、それは隠れた実在《リアリティ》の予期に対する掛かり合い《コミットメント》であり、それは科学的真実が認識される際に示されるのと同種の掛かり合いなのである。じつのところ、責任と真実とは、こうした掛かり合いの二つの側面にすぎない。すなわち、判断という行為はその個人的な極であり、判断が関与＝依拠する独立した実在《リアリティ》はその外的な極なのである。

問題は暗黙の内にしか認識されない。したがって、その認識は、暗黙知の妥当性を受け入れることによってしか、妥当だと認められない。そして同じことが、実在に関与＝

依拠する際の真実にも当てはまる。ここに、暗黙知の妥当性を確立することの重要性がある。しかし問題を理解して解決する人間の能力については、さらにその進化上の先例を考察する必要があるだろう。私は問題‐解決の先例は「創発」の過程にありと考えてきた。したがって、もし責任ある人間の判断というものが問題‐解決に付随して起こるものだとするなら、創発の所産たる進化論的革新が続いている間はずっと、同じような判断能力が創発の過程でも発揮されている、と予想しなければならないのだ。

こうした推測は必然的に危なっかしいものになるだろう。しかし私は、こうした問題を科学者らに任せてしまおうという私たちの小心さには、それ以上にウンザリしたものを感じてしまう。もっとも、任せられる方の科学者たちは、そうした問題を科学による研究には不向きだと思うことだろうが。

これまで私が述べてきたように、非生命界では明白な自然の法則も、二つの点で、生物の起源を説明できない。（1）生命界では、非生命界では出現しない機能的諸原理に従って境界条件が定められるのだが、それを非生命界の自然の法則は未決定なままに放置する。（2）非生命界の自然の法則には、高等生物特有の生命条件たる、感覚性

(sentience) を示すものが含まれない。したがって次のように仮定しても構わないであろう。この二つの欠如は一つの原理の二側面にすぎず、ぜひ非生命界の欠如項目に追加して生命界の説明に役立てるべきである、と。むろん、私は、創発と暗黙知を同一視した際に、すでにこの仮定は織り込み済みであった。

この欠落した原理については、もっと詳しい定義付けを試みることが可能だ。この原理によって、物理学から人間的思考の発達を統御する過程へと、もっともスムーズに移行できる形を考察すればよいのだ。無生物は、物質をより安定した構造へ引き寄せる諸力によって、制御されている。これは力学や熱力学においても等しく当てはまるし、さらに炎や流れのような開放系《オープン・システム》にも当てはまる。より安定した潜在的可能性《ポテンシャル》(potentialities) の実現に触発された諸力は、さまざまな種類の摩擦によって抑制されることもあろうが、そうした抑制も触媒的な解放因子によって克服されうる。一つの分子が自然分解して爆発が引き起こされることもある。また量子力学は原因のない原因の概念を確立したが、それは確率の場による制御にしか従わない。放射性元素の崩壊が原因のない原因の一つなのかもしれない。そこで、上記三つの無生物的過程の特徴を敷衍してみよう。(1)諸力はより安定した潜在的可能性に向かう。(2)触媒によって、または摩擦で滞った諸力を解放する偶発的な因子によって、諸力はそうした潜在的可能性を現実化する。(3)こうした偶発性は原因のない出来事であり、確率性にのみ従うものかもしれない。

次に、人間が思考することによって、どのように革新が達成されるかを検証してみよう。この過程もまた、ある潜在的可能性《ポテンシャル》の現実化として記述することができる。問題を見て、それを追及しようと企てることは、そこに到達できると信じて、ある範囲の潜在的可能性を見ることとなのである。物理学における諸力は、より安定した構造が実現される可能性から発生するのだが、人間の発見的緊張は、どうやら警戒怠りない精神から発生するようだ。しかし発見的緊張は意図的なもののように思われる。つまりそれは、すでに定まっていると信じられている解決策を、懸命になって把握しようとする反応なのである。それは、冒険的ではあるが、つねに志向的な追求によって制御されている、選択なのである。こうした選択は、原因が存在せず、なおかつ、選択をほぼ不確定なままに放置する場によって導かれるという点において、量子力学の出来事に似ている。しかし発見は、三つの点で非生命界の出来事とは異なる。すなわち、（1）発見を触発して導く場は、より安定した構造の場ではなく、「問題の場」である。（2）発見が起こるのは、自然発生的ではなく、ある隠れた潜在的可能性を現実化しようと「努力」するからである。（3）発見を触発する、原因のない行為は、たいてい、そうした潜在的可能性を発見しようとする「想像上の衝迫」である。

これまでのところ、本書の分析にはあまり多くの思弁は必要なかった。だから私は、進化論的革新の過程について一般化を行っても、何らかの確固たる裏付けを得られるものと信じている。継起的な機能上の諸段階を分析するにはある原理を仮定することが必要になるが、その原理とは、暗黙の統合によって実現される革新と同じように作用するものである。私には次のような仮定が必須のように思われる。すなわち、進化論的革新の過程は、その過程がいずれは到達することになる、より高次段階の安定した意味への、到達可能性によって触発される。そうしたより高次の潜在的可能性によって引き起こされる緊張が、偶然の作用で、あるいは第一原因《ファースト・コーズ》の作用で、行動へと解き放たれるのだ。さらに言えば、こうした創造的解放が、潜在的可能性によって制御されてはいるが、決して完全に支配されているのではないと仮定することは、一方で量子力学の、他方で問題－解決の概念構成と、一致していると思われる。それは成功するかもしれないし、失敗するかもしれない。したがって、諸段階の継起性を考慮に入れると、以下のような仮定が妥当だと思われる。こうした特異なタイプの不確定性が存在するには、「意識」が発生していなければならないはずだ、と。

私がこの講義に付した全体的な標題は「考える人間（Man in Thought）」であった。私は生きることと考えることとの論理的な相互関係について語り、人間と思考の共同起源を追跡することによって、この相互関係をずっと遡り非生命的先例にまで拡げてみたかったのだ。私は数多くの新しい原理を導入し、互いに関連づけを図ってきた。私は、これまで数々の書物の中にひしめき、恐らくこれからも書物を満たすであろうさまざまな観念に、多少なりとも読者の注意を喚起したいという思いに、抗し得なかったのだ。それなのに私は、自分がほんとうは単一の、きわめて単純な光景しか語ってはこなかったのだと感じる。人間がその中で発生した宇宙のこの部分は、行動を触発する潜在的《ポテンシャル》可能性の場で満ちているように思われる。たとえば生命のない物質に触発される行動はかなり貧しく、たぶんまったく無意味なものだろう。しかし生も死もない物質たる無機物は、生物誕生の起源となることで意味を担うのである。生物の出現とともに、これまで無誤謬を誇っていた宇宙にある危険が紛れ込むことになる。すなわち、生と死の危険である。

新しい「潜在的意味」の場はあまりにも豊かだったので、この企図は、いったん開始のスイッチが入ると、より高次の意味が存在する無限の領域に向かってまっしぐらに突き進んで行き、ほぼ十億年に亘って、休む間もなくそれらの意味を現実化してきたのである。ほとんどその始めから、こうした潜在的意味に対する進化論的反応は、それが誕生させた生物の行動にその影響の跡をとどめてきた。原生動物ですら学習能力を持っているらしい。原生動物は潜在的意味に反応するのだ。進化段階が上昇するにつれて、以前よりもずっと複雑な知的振る舞いをする、有意味な有機体がますます増えてくる。この二、三千年で、人類は、暗黙知の能力に言語と書物の文化機構を装備させて、理解《コンプリヘンション》＝包括の範囲を桁外れに拡げてきた。こうした文化的環境に浸かりながら、いま私たちは、その範囲が著しく拡張した「潜在的思考」に反応しているのだ。

私たちの時代が直面する問題にとって啓示的と思われるのは、潜在的思考に没頭する人間の姿である。さまざまな思考の可能性に浸かることによって、私たちは、自己決定の絶対化を免れることができるし、私たちの職務=天職を囲繞する断片的領域内で、私たち一人ひとりが創造的独自性を持つことができる。さらにまた、そうすることによって、私たちは、それぞれの「探求者の社会」の形而上学的根拠や組織原理も得られるだろう。

それでも次のような疑問が残る。すなわち、私たちはこうした答えに満足するだろうか？　私たちはこの答えが私たちに課す限界を認識することができるだろうか？　そうした断片的な「探求者の社会」は腰が定まらず、無責任で、利己的で、明らかに無秩序なものに見えないだろうか？　私は、一貫性が自己調整作用によっておのずと確立され、対等な者同志が権威を及ぼし合い、任務はすべて各々が自分自身に課すという、そんなコミュニティを賞賛してきた。しかしみんな何処に行くつもりなのだろう？　誰もその答えを知らない。彼らは、すぐに忘れ去られてしまう仕事を、ただ積み上げているだけなのだ。

これまで私は、私たちの創造的企図は、私たち人間の起源たる生物進化に由来するものだと述べてきた。この宇宙的な意味の発生が進化を推進する力になるのだ。しかしその主たる産物は、つかの間の生存で満足できる植物や動物であった。人間は永遠に関わる目的を必要とする。真理は永遠に関わる。私たちの理想も永遠に関わる。ならばそれで十分なのかもしれない。もし、万が一、私たちが、自らの明白な道徳的欠点に満足し、そうした欠点のためにその運営に致命的な支障を持つ社会に満足できるとするならば。

ひょっとしたらこの問題は、世俗的地平のみでは、解決不能なのかもしれない。しかし、宗教的信念が不条理な世界観の圧迫から解放されたなら、この問題の宗教的解決は今よりも現実味を帯びてくるだろう。そして不条理な世界に代わって、宗教へと共鳴していく可能性を持つ有意味な世界が出現するだろう。

【原注】

（1） Lazarus, R. S., and McCleary, R. A., *Journal of Personality* (Vol. 18, 1949), p. 191, and *Psychological Review* (Vol. 58, 1951), p. 113. これらの結果はエリクセンによって疑問視され、ラザルスによって擁護された。Eriksen, C. W., *Psychological Review* (Vol. 63, 1956), p. 74. Lazarus, *Psychological Review* (Vol. 63, 1956), p. 343. しかし分野全体を検証する後の論文で、エリクセンはラザルスとマックリアリの実験結果を確認し、それを閾下知覚の証拠として認めた。*Psychological Review* (Vol. 67, 1960), p. 279.

私が閾下知覚を取り上げるのは、ただ初歩的形態の暗黙的認識を、量的観測が可能なかたちで、確認したいからである。私にとって、それは「ゲシュタルト」形成の基調をなすメカニズムであり、私が『個人的知識 *Personal Knowledge*』で最初に暗黙的認識の着想を得た原点であった。奇妙千万なことだが、閾下知覚の妥当性に関する論争があっても、心理学者たちは、閾下知覚とゲシュタルトの関連については、ほとんど注意を払ってこなかった。閾下知覚にそれとなく言及している箇所が、次の論文に、一つあっただけである。Klein, George S., "On Subliminal Activation," *Journal of Nervous Mental Disorders* (Vol. 128, 1959), pp. 293-301. 彼はこう述べている。「私は確信を持って言うが、実験の結果などなくても、私たちは行為中に用いるすべての刺激を意識しているわけではない。」

私は、以下のことを、基本的にはすでに『個人的知識』において語っているのだが、以後も相変わらず強調し続けている。すなわち、従属的感知を無意識的もしくは前意識的な感知と、あるいはジェームズ流の感知の周縁と、同一視することは間違いである。感知を従属的なものにするのは、それが果たす機能である。感知は、それが私たちの中心的関心を知る手掛かりとして機能する限り、いかなる程度の意識をも持つことができる。クラインはこうした見解を次のように述べて擁護している。すなわち、意識下の活性化とは、あらゆる種類の、、、、、、一時的または偶発的な刺激の特殊ケースにすぎない。重要なのは、意識下の状態ではなく、「思考と行為の周縁で（刺激が）獲得する意味と特性」なのである。

エリクセンとクーゼが意識的に同定されない回避行動を観察して、それを私は一種の閾下知覚として引用したことがあるのだが、彼らはこの回避行動を防衛機制と呼び、さらにそれをフロイド理論に関連づけている。このやり方が広まって、その結果、*Psychological Abstracts* 誌はこの題材を閾下知覚と防衛機制に分割したのである。

しかし一九一七年に遡ってオットー・パッツェルの観察に応分の注意が払われたとき、この問題はさらに分裂した。彼と彼の直弟子たちの業績を概観する論文が発表されたのである。Otto Pödtzl, Rudolf Allers, and Jacob Teler, "Preconscious Stimulation in Dreams, Associations, and Images," *Psychological Issues* (Vol. II, No. 3, 1960), International Universities Press, New York 11, N.Y. チャールズ・フィッシャーがこの論文に序文を書いて、彼らの観察を最近の研究と関連づけたり、私たちが結果への貢献という観点からのみ意識する刺激の状態について、現在では疑問が呈されていると述べている。フィッシャーはこう書いている。「この件は決着を付けられねばならない、なぜなら閾下の問題は知覚理論にとって重要な意味を持っているのだから。」 p. 33.

私は、実際、この問題はそれよりもずっと裾野の広い意味を持っており、全体として暗黙知の論理範疇下に包含されねばならないと、信じている。

(2) Eriksen, C. W., and Kuethe, J. L., "Avoidance Conditioning of Verbal Behavior Without Awareness: A Paradigm of Repression," *Journal of Abnormal and Social Psychology* (Vol. 53, 1956), pp. 203-09.

(3) Hefferline, Ralph F., Keenan, Brian, and Harford, Richard A., "Escape and Avoidance Conditioning in Human Subjects Without Their Observation of the Response," *Science* (Vol. 130, November 1959), pp. 1338-39. Hefferline, Ralph F., and Keenan Brian "Amplitude-Induction Gradient of a Small Human Operant in an Escape-Avoidance Situation," *Journal of the Experimental Analysis of Behavior* (Vol. 4, January 1961), pp. 41-43. Hefferline, Ralph F., and Perera, Thomas B., "Proprioceptive Dlscrimination of a Covert Operant Without Its Observation by the Subject," *Science* (Vol. 139, March 1963), pp. 834-35. Hefferline, Ralph F., and Keenan, Brian, "Amplitude-Induction Gradient of a Small Scale (Covert) Operant," *Journal of the Experimental Analysis of Behavior* (Vol. 6, July 1963), pp. 307-15. また、次の論文の結論を参照のこと。Hefferline, Ralph F., "Learning Theory and Clini-

cal Psychology-An Eventual Symbiosis?" from *Experimental Foundations of Clinical Psychology*, ed. Arthur J. Bachrach (1962).

さらに以下の論文に、多数のロシア人研究者によって腸内刺激の条件付けが確立されたという報告がある。その条件付けには、ヘッファーラインの筋肉痙攣の実験と同様に、自覚されないという特性があるのだという。Razran, G., "The Observable Unconscious and the Inferable Conscious," *Psychological Review* (Vol. 68, 1961), p. 81.

(4) Dilthey, W., *Gesammelte Schriften* (Vol. VII, Leipzig and Berlin, 1914-36), pp. 213-16; [Translation by H. A. Hodges, *Wilhelm Dilthey* (New York, Oxford University Press, 1944), pp. 121-24].

(5) Lipps, T., *Asthetik* (Hamburg, 1903).

(6) *Personal Knowledge*, pp. 328-35; *Study of Man*, pp. 47-52; "Tacit Knowing and Its Bearing on Some Problems of Philosophy," 1962; "Science and Man's Place in the Universe," 1964; "On the Modern Mind," 1965; "The Structure of Consciousness," 1965; "The Logic of Tacit Inference," 1966.「関連文献」も参照のこと。

（7）言語学者としてのハースは、言語の階層的構造に関して同様の結論に達している。W. Haas, “Relevance in Phonetic Analysis,” *Word* (Vol 15, 1959), pp 1-18; “Linguistic Structures,” *Word* (Vol. 16, 1960), pp. 251-76; “Why Linguistics Is Not a Physical Science,” paper presented to the International Congress for Logic, Methodology and Philosophy of Science, Jerusalem, Israel, August-September 1964.

（8）科学の伝統的根拠、科学的探求の組織、独創性の涵養に関する私の考えは、*Science, Faith and Society* に遡る。それらの考えは、それ以前に、*The Logic of Liberty* 所収の論文で部分的に展開され、のちに *Personal Knowledge* の基になった。この問題に関する、最近の言及は以下にある。“Science: Academic and Industrial” 1961, “The Republic of Science,” 1962; “The Potential Theory of Adsorption,” 1963; “The Growth of Science in Society,” 1966. 「関連文献」も参照のこと。

（9）『ネイチャー』誌への投書についてさらに詳しいことは、*The Logic of Liberty*, p. 17 を、レイリー卿については、*The Logic of Liberty*, p. 12 を参照のこと。またレイリー卿の一件の後日談については、以下を参照。*Personal Knowledge*, p. 276.

（10）　こうした見解は、例えばK. R. Popper, *Logic of Scientific Discovery*（New York, 1959）, p. 279で、以下のように披瀝されている。

「しかしこれらの驚くほど想像力に富み大胆な私たちの推測もしくは《予期》も、系統的なテストを行うことによって、慎重かつ穏当に制御される。私たちの研究方法はそうしたテスト弁護するためのものではなく、私たちがどの程度正しいかを証明するためのものなのだ。それなのに、私たちはそうした予期を全部だめにしようとする。私たちが持っている論理、数学技術という武器のすべてを使って、私たちは、自分たちの予期が間違っていることを証明しようとするのだ。その結果、代わりに、まだ正しいと証明されておらず、また正しいと証明できないような新しい予期――ベーコンが嘲笑を籠めて言うには《軽率で早まった偏見》――を推進しようとするのだ。」

【訳注】

序文

（一）ギフォード講座 Gifford Lectures 裁判官アダム・ギフォード（1820-87）を記念して設立された、スコットランドの諸大学で開かれる講座。自然神学と神の知識の普及を目的にするもので、第一回は一八八八年に行われた。

（二）ブレンターノ Franz Brentano（1838-1917）ドイツの哲学者・心理学者。ボルツァーノとともにドイツ・オーストリア学派の祖。カトリック神父としてアリストテレス、トマス・アキナスを研究していたが、教皇不可謬説などに反対して教会を脱退。直接的内経験の客観的記述をめざす「記述的心理学」を提唱。心理現象の特質を「対象への志向的関係」にあるとした。その思想はフロイトやフッサール（現象学）に継承される。

第Ⅰ章

（一）スターリン Iosif Vissarionovich Stalin（1879-1953）ソビエト連邦共産党指導

者。一九二二年以来党書記長。レーニン没後、トロツキー、ブハーリンらを退け、一国社会主義の強行建設を推進。三六年新憲法を制定、三七年には大量粛清を行なって個人独裁を樹立。第二次大戦では国家防衛委員会議長、赤軍最高司令官を兼ね、一九四五年大元帥となった。戦後もソ連・世界の共産主義の指導者として君臨したが、死後の一九五六年、専制支配をフルシチョフらが批判。『レーニン主義の基礎』など。

(二) ブハーリン Nikolai Ivanovich Bukharin (1888-1938) ソビエト連邦共産党指導者の一人。機械的唯物論に基づく均衡理論を唱えた。十月革命のときは党の最高幹部。以後、「プラウダ」編集長、コミンテルン執行委員長となった。ネップ(新経済政策)の理論的支柱ともなり、レーニン死後、一時スターリンとともに国政を掌握したが、一九二九年農業集団化強行に反対して失脚。大粛清の際に処刑。一九八八年名誉回復。『史的唯物論』『帝国主義と資本蓄積』『転形期の経済学』など。

(三) 五カ年計画 五年間で成し遂げることを目標として、社会主義諸国で行われた国民経済の長期計画。

(四) ゲシュタルト心理学 精神を、要素の集合とみなす従来の構成主義的な考え方を否定して、ゲシュタルト（Gestalt 形態）とみる心理学。ゲシュタルトとは、緊密なまとまりと相互関連性を帯びた全体としての構造を意味し、要素に分解しようとすれば直ちにこの構造は失われ、要素は要素としての意味を持たなくなる。精神医学や神経学にも影響を与えた。形態心理学。

（五）ギルバート・ライル Gilbert Ryle (1900-76) 英国の哲学者。「オックスフォード日常言語学派」のリーダー。言語適用の誤りによって発生する混乱の解消をはかった。*Mind* を編集。*The Concept of Mind* (1949).

（六）個々の諸要素 particulars の訳語。佐藤敬三氏の『暗黙知の次元』では「諸細目」、長尾史郎氏の『個人的知識』では「個別的要因」という訳語が与えられている。

（七）活動電流　動植物が活動する際、神経や筋に生じる電流。

（八）サミュエル・バトラー Samuel Butler (1835-1902) 英国の哲学的作家・諷刺家。ダーウィン説を風刺した小説『エレホン』(1872)、自伝的小説『万人の道』(1903)。

（九）掛かり合い commitment の訳語。『暗黙知の次元』初訳者の佐藤氏は「傾倒」という訳語を与えている。さらに『個人的知識』の長尾氏は「自己投出」という訳語を、また栗本慎一郎氏は、ふつうに、「参加」と言っている(「マイケル・ポランニーにおける自然科学と言語」『創発の暗黙知』)。「傾倒」も「自己投出」も内容を正確に考えた上での苦心の選択だと思うが、「傾倒」では何となく一方的にすぎる印象があるし、「自己投出」では実存主義的なもののものしさが拭えないと思った。ポランニーの commitment が含意している個人性と実践性、対象の内部に食い入る執拗さ、身内の衝迫にせき立てられる退っ引きならなさ、そしてつねに失敗を孕んだ危うさ、そんなものをすべて兼ね備えた日本語をと思ったが、なかなか難しかった。

第Ⅱ章

(一) K・S・ラシュリー K. S. Rashley (1890–1958) 米国の心理学者。発達心理学の専門家として、脳機能の研究に貴重な貢献をした。*Brain Mechanism and Intelligence* (1929).

(二) ハンス・ドリーシュ Hans Adolf Eduard Driesh (1867–1941) ドイツの動物学者、哲学者であり、動物実験発生学的研究の先駆者であった。ウニ卵他の研究から調和等能系は機械論的立場では理解し得ないとして、エンテレキーというものを考えた。生気論の論陣の重要な科学者の一人。

(三) 創発 emergence 進化論の中の一理論。一般には、進化の途中で新しい形質や種類が出現すること。また人工生命の哲学はこの理論を次のように展開している。自然界の階層構造の最下層には素粒子があり、それらを構成要素として、原子や分子ができ、さらに階層の上へ向かって、遺伝子、細胞、組織、さらに生物個体、群、社会、文化・精神の世界がある。この階層世界から、任意の相接する二つの階層(たとえば、細胞とそれから構成される生体組織や、社員個人とそれが構成する会社組織など)を取り出すと、その二つの階層間には「創発」、すなわち非線形なフィードバックが働く。このとき、下の階層における個々の構成要素(個人)の自由な運動が、上の階層における全体的なパターン(社会の状況)を生み出し、またこの上の階層のパターンが、下の要素(個人)の運動の境界条件としてフィードバックし、個々の運動を間接的に支配する。

たとえば、一匹一匹のアリは獲物を求めてうろうろし、獲物を見つけるとフェロモン(誘引物質)を発して仲間を呼び寄せる。このアリは獲物を巣へ運び、分泌されたフェロモンはアリの通った地上に跡を残す。フェロモンに引き付けられた他のアリは獲物を発見し、最初のアリと同じ行動をする。こうしてアリの行列が形成される。運ぶべき獲物がなくなると行列は消え、フェロモンは蒸発し、個々のアリは獲物を求めてうろうろする行動に戻る。アリの個別行動が下位の行動、アリの行列が上位のパターンとなっていて、典型的な創発現象と考えられる。創発は、原子から人間社会にいたる全階層で観察される一般的な現象である。自然の生命は、高分子や細胞から、創発のメカニズムによって生まれ出たものである。(日立デジタル平凡社『世界大百科事典 第二版』より構成)

(四) ピアジェ Jean Piaget (1896–1980) スイスの心理学者。子供の知能研究で知られる。

(五) ベルグソンのエラン・ビタル ベルグソン Henri Bergson (1859–1941) はフランスの哲学者。ダーウィンの自然淘汰説に対して、創造的進化論を提唱。エラン・ビタル (elan vital) は生命の飛躍、有機的過程の根源的生命力。創造の原理であり真の実在である力。生物内にあって成長・進化を飛躍的にもたらす。創造的進化論の基本概念。

『創造的進化』(1907)。ノーベル文学賞(1927)。
(六) ケーラー Wolfgang Köhler (1887-1967) ドイツの心理学者。ゲシュタル理論の確立者。一九三四年米国に亡命。
(七) ティヤール・ド・シャルダン Pierre Teilhard de Chardin (1881-1955) フランスのイエズス会聖職者・古生物学者・地質学者・哲学者。北京原人(シナントロプス)の発見にかかわった他、アフリカでの初期人類化石の発掘にも参加している。人間は神的な終局の点へ向かって進化していると、キリスト教と進化論を統合する壮大な思弁を展開。教皇庁から危険視された。『現象としての人間』(1955年)。
(八) 古動物学者 paleozoologist 化石動物の地理的分布の変遷を研究する学者。

第Ⅲ章

(一) 自己欺瞞 bad faith サルトル哲学で、ある行動が情況によって決定されたとして、意識が自己に対して真実を隠すこと、あるいは自己に好ましい虚偽を真実とみなすこと。自らの自由に対して目をそむける責任回避(意識の逃避)のこと。

（二）啓示宗教 revealed religion キリスト教などのように、神の人間に対する啓示、特に聖典に示されているものに基礎を置く宗教。

（三）トマス・ペイン Thomas Paine（1737-1809）英国生まれの米国の思想家・作家。政治パンフレット『コモン・センス』（1776）、『危機』（1776-83）で米植民地人の独立闘争を、『人間の権利』（1791-92）でフランス革命を支持、『理性の時代』（1794-96）で理神論を主張。

（四）エドマンド・バーク Edmund Burke（1729-97）英国の政治家・弁論家。近代的保守主義の先駆。『フランス革命の省察』（1790）

（五）オットー・ハーン Otto Hahn（1879-1968）ドイツの物理化学者。中性子によるウラン核分裂を発見（1938）。ノーベル化学賞（1944）。

（六）ヴァルター・ネルンスト Walther Herman Nernst（1864-1941）ドイツの物理化学者。熱力学第三法則を発見（1906）、ノーベル化学賞（1920）。

（七）リンデマン Frederick Alexander Lindemann, 1st Viscount Cherwell（1886-1957）英国の科学者。チャーチル卿の友人として彼を補佐し、第二次大戦中兵器開発に

尽力。大蔵省主計長官（1942–45, 51–53）。

（八）ジョン・デューイ John Dewey（1859–1952）米国の哲学者・教育者。プラグマティズムの提唱者。*The School and Society*（1899）, *Democracy and Education*（1916）, *Logic: the Theory of Inquiry*（1938）.

（九）従属的要素 subsidiary element の訳語。subsidiary は従属的、副次的という意味だが、『暗黙知の次元』の佐藤氏は「副次的」、『個人的知識』の長尾氏は「従属的」と訳している。栗本氏によると「全体従属的」なのだそうだ。いずれにしろ何に対して従属的・副次的なのかを理解願いたい。それは言うまでもなく、全体、包括的全体、あるいは意味と言ってもいいだろう。個々の諸要素はあくまでも全体との関係で、全体との相互参照の中で見出されるものなのだ。その意味で、諸要素は全体（＝意味）に従属しているということである。

（十）一九五六年のハンガリーとポーランドの大改革　ハンガリー動乱とポズナン暴動のことであろう。両者とも社会主義圏における非スターリン化の動きを背景に起きた事件。前者は一九五六年十月ハンガリーに起こった反ソ・自由化運動。ソ連軍の介入により鎮圧され、ナジに代わってカーダールの親ソ政権が誕生。後者は一九五六年、共産党（統一労働者党）支配下のポーランドに起きた最初の民衆暴動で、「十月の春」と呼ばれた大幅な政治体制の自由化をもたらした。

【関連文献】

1. 本書が依拠した著者の論文、あるいは本書の論点がさらに発展させられている著者の論文

"Tyranny and Freedom, Ancient and Modern," *Quest* (Calcutta, 1958).

"The Two Cultures," *Encounter* (September 1959).

"Beyond Nihilism," Eddington Lecture (Cambridge University, 1960); also *Encounter* (1960).

"Faith and Reason," *Journal of Religion* (Vol. 41, 1961), pp. 237-41.

"Knowing and Being," *Mind* (Vol. 70, 1961), pp.458-70.

"The Study of Man," *Quest* (Calcutta, April-June 1961).

"Science: Academic and Industrial," *Journal of Institute of Metals* (Vol. 89, 1961), pp. 401-06.

"Clues to an Understanding of Mind and Body," in I. J. Good, ed., *The Scientist*

Speculates (Heinemann, 1962).

"History and Hope: An Analysis of Our Age," *Virginia Quarterly Review* (Vol. 38, 1962), pp. 177–95.

"The Republic of Science, Its Political and Economic Theory," *Minerva* (Vol. 1, 1962), pp. 54–73.

"The Unaccountable Element in Science," *Philosophy* (Vol. 37, 1962), pp.1–14.

"Tacit Knowing and Its Bearing on Some Problems of Philosophy," *Review of Modern Physics* (Vol. 34, 1962), p. 601 ff.

"The Potential Theory of Adsorption: Authority in Science Has Its Uses and Its Dangers," *Science* (Vol. 141, 1963), pp. 1010–13.

"Science and Man's Place in the Universe," in Harry Woolf, ed., *Science as a Cultural Force* (Johns Hopkins, 1964).

"On the Modern Mind," *Encounter* (May 1965).

"The Structure of Consciousness," *Brain* (Vol. 88, Part IV, 1965), pp. 799–810.

"The Logic of Tacit Inference," *Philosophy* (Vol. 40, 1966), pp. 369-86.
"The Creative Imagination," *Chemical and Engineering News* (Vol. 44, No 17, 1966).
"The Growth of Science in Society," *Encounter* (1966).

2. 本書で言及されている著者の著作

Science, Faith and Society
University of Chicago Press, 1946; Oxford University Press, 1946; Phoenix edition, Chicago, 1964.
The Logic of Liberty
University of Chicago Press, 1951; London, Routledge, 1951.
Personal Knowledge
University of Chicago Press, 1958; London, Routledge, 1958; New York, Harper Torchbooks, 1964.

The Study of Man
University of Chicago Press, 1959; London, Routledge, 1959; Phoenix edition, Chicago, 1964.

【邦文関連文献】

1.『暗黙知の次元―言語から非言語へ』
佐藤 敬三（訳）、マイケル・ポラニー（著）（一九八〇／〇一）紀伊國屋書店

2.『自由の論理』
マイケル・ポラニー（著）、長尾 史郎（一九八八／〇五）ハーベスト社

3.『個人的知識―脱批判哲学をめざして』
マイケル・ポラニー（著）、長尾 史郎（翻訳）（一九八五／一二）地方・小出版流通センター

4.『知と存在―言語的世界を超えて』
M・ポラニー（著）、その他（一九八五／〇六）晃洋書房

5.『人間の研究』
マイケル・ポラニー（著）、沢田 允夫（一九八六／〇七）晃洋書房

6.『創造的想像力』
マイケル・ポラニー（著）、慶伊 富長

7．『人間について』
マイケル・ポラニー（著）、中山　潔　地方小出版流通
8．『現代思想　特集マイケル・ポランニー』青土社　一九八六・〇三
9．『創発の暗黙知―マイケル・ポランニーその哲学と科学』
大塚　明郎（著）、その他（一九八七／一〇）青玄社
10．『意味と生命―暗黙知理論から生命の量子論へ』
栗本　慎一郎（著）（一九八八／〇六）青土社
11．『暗黙知の領野』
グラハム・ダンスタン　マーティン（著）、その他（一九九五／〇四）青土社
12．『マイケル・ポラニーの世界』
R・ゲルウィック著　長尾史郎訳　多賀出版
13．『ポラニーとベルグソン―世紀末の社会哲学』MINERVA 人文・社会科学叢書
佐藤　光（著）（一九九四／〇五）ミネルヴァ書房

訳者解説

もうずいぶん昔のことのようにも思えるが、前世紀末の、少し詳しく言うと一九八〇年代後半以降の日本にも、「ポストモダニズム」と総称されていいようなムーヴメントがあった。その日本的ポストモダニズムが標榜したのは、詰まるところ「根拠主義」の否定である。現代思想の指南書やらその亜流書が町の本屋に平積みにされ、あらん限りの意味と真理と価値と権威について、その根拠の「恣意性」が我勝ちに洗い立てられていったものだ。

むろん、当時でも、モダニズムの確立すら怪しい限りの日本で〝ポスト〟モダニズムを広言する言説の横行に鼻白んだり、所詮ポストモダニズムは高度消費社会をジャステイファイし謳歌するための体制イデオロギーにすぎないと憤慨する人々もいた。しかし折しもバブル経済の絶頂期を迎えた日本の巷では、そうしたムーヴメントを「実証」するように、既成の市場原理を逸脱する浮薄な商品（及びそのコピー）が舞い狂っていたし、株や土地が実情をはるかに遊離する天井知らず（当時はほんとうにそう思えた）の値を更新し続けていたものだ。果ては、絶好調の経済に便乗して、もともと明示的な根拠を問う姿勢が薄弱な日本的精神風土を、あろうことか、世界をリードする、巧まざるポストモダニズムの顕現だと触れ回る手合いまで這い出していたのである。

当時、ポストモダニズムに浸潤され始めた文学を始めとする文化系諸学の世界では、しばしば難解で奇矯な語彙が飛び交ったり、軽薄な言動が不必要に誇示されたりもしたものだ。あまつさえ、そうした言論の多くには、反権威主義的な表向きの言動とは裏腹に、いじましい覇権的動機すら見え隠れしていた。例のごとく、外来の新理論のあれやこれやは、言論を半歩リードし、本や論文を量産するためのバイブルとして珍重されていたのである。

さはさりながら、こうした、社会文化現象とも連動するかに見えた一大ムーヴメントは、何となく、それこそ多分に「無根拠」な気分ながら、解放的なものに感じられていたのも一面の事実であった。国民経済という観点から見れば、当時むちゃくちゃに咲き乱れた徒花の後始末に私たちは今なお苦闘中であるし、社会的危機管理という観点から考えると、昨今の倫理的頽廃を憂える声も小さくないけれど、あの頃日本人は、初めて戦後的な物質的欠乏とも生真面目さともほんとうの決別を果たしていたのかもしれない。

本書の初訳（佐藤敬三訳　マイケル・ポラニー『暗黙知の次元』紀伊國屋書店）が出たのは一九八〇年のことだが、主として栗本慎一郎氏の「連呼」によってマイケル・ポランニーという名と「暗黙知」という〝新語〟が一般に流通し始めたのも、こうしたムーヴメントの渦中であったと思う。

ちなみにポストモダニズムを原理的に支えていたのは言語批判の哲学であった。言語批判の哲学といえば何か物々しい響きもあるが、要するに、「言葉」とその言葉が担う「意味」との固定的関係を絶対視しない、疑ってかかる、ということである。むろんこうした言語を相対化する視線は、ポストモダニズムの専売特許ではない。二十世紀自体が、いわば、丸ごとそういう時代だったのである。二十世紀初頭にジョイスやプルーストらの文学的モダニズムの自意識がかかずらったのは「言葉」に他ならなかったし、有名なウィトゲンシュタインの「言語ゲーム」は言葉と意味の便宜的な関係を物語る格好の標語だったと言えなくもない。しかし世紀末のポストモダニズムはさらに一歩進んで、言葉と意味の遊離それ自体を謳歌しようとした。言葉は私たちが常識的に信じている意味（=根拠）を離れて、言葉同士の「差異」の連鎖で自律的に運動するのだと言い、彼らはそれを「テクスト」と称したものだ。言葉は意味からの自由を得て、同時に、意味の内実たる倫理や価値や真実といった重荷からも解放されることになる。ここに至って、意味所もあろうに世紀末ニッポンで、究極のニヒリズム、奇妙に明るくて浮薄なニヒリズムの時代が到来したのである。

本書の初訳本には原著にない「言語から非言語へ」という副題が付されていた。むろん、今述べた、「問題としての言語」が意識されていたのである。暗黙知は言葉と意味との明示的な関係を越える隠れた知の存在を提起するものだったから、言葉を決まり切った意味の重荷から解き放つという点では、たしかにポストモダン思想の一翼を担うものとして喧伝される余地はあったということだ。

しかし暗黙知はポストモダニズムの諸理論とは明らかに異質なものでもある。なぜなら、概ね言葉の意味を否定しっ放しのポストモダニズムとは異なり、暗黙知は絶えず「新しい意味」を志向し、それを形成しようとするものだからだ。暗黙知が目の前の言葉の意味をいったん否定するかに見えるのは、意味の更新を志向するからなのに他ならない。言葉と意味の関係は静的なものではない。生きることがつねに新しい可能性に満ちているように、言葉はつねに新しい意味のポテンシャルに満ちているのだ。個人は暗示されるポテンシャルを信じて、言い換えるならそれに賭けて、より高次の、新しい意味を発見しようと努力する。その信念と努力はほとんど個人の選択を越えたものですらあるのだろう。なぜならポランニーはそこに進化の動因と同じものを想像しているからだ。彼に言わせると、私たち一人ひとりの「個人」には、たぶん宇宙的な原理として、より高次の位相に向かうベクトルが貫かれているのである。もしベルグソンなら、それと同じものを「持続」と言うかもしれないが。

昔日のポストモダニストたちなら、こうした、一種のオプティミズムを一笑に付したかもしれない。たしかに、暗黙知のダイナミズムを明示的に根拠づけるものは、何も無い。しかし路傍の石ころから人間に至る無数の事物を並べてみれば、そこにはおのずと階層性が生じ、より低次のレベルからより高次のレベルに向かう「志向性」の存在は疑い得ないように思われる。より高次のレベルが生成しようとするとき、それはまだこの世に存在するものでも、しかと認識されているものでもないから、個人の側から見れば潜在的可能性にとどまらざるをえないだろう。しかしその見えざるポテンシャルに退っ引きならぬものを感知して、想像的にかつ創造的に掛かり合う。その過程でより低次のレベルの個々の諸要素もしっかりと感知し直されて、それらがまた高次のポテンシャルにフィードバックされていく。そうして段々に新しい高次のレベルが形成されていく。そうした一連のダイナミズムのことを、ポランニーは暗黙知と呼ぶのである。

非生命はひたすら内部の平衡を求めて、いったんそれが達成されるとそれに安住し続けようとする。しかしその平衡を破って、より高次の存在へと逸脱を図ってしまったものが出現する。それが生命であった。むろん生命の誕生とは死の誕生のことに他ならない。つまりそれは不安の誕生でもあったということだ。非生命が生命になったとき、それは否応なくして、可能性の海に放り込まれてしまったのだ。この「誕生」を導いたのは明示的な根拠ではあり得ない。いちばん初めの生命には格別の意志（？）などなかっただろうし、むろん成算など端からあろうはずもなかった。しかし誕生してしまった生命は、それが生命であることの証であるかのように、つねに強い衝迫に捕らわれるようになった。それは成否の定かならぬ潜在的可能性に投企して、自己を更新しようとする、ほとんど賭博的な衝迫である。だからどんなに下等な生命体にも暗黙知は存在するということになる。そのうえ人間には、暗黙知の基幹たる身体は言わずもがな、思考がある。むろん思考もまた暗黙的なポテンシャルに満ちている。しかし複雑になった思考は、より高次のレベルを志向する衝迫を無条件に認めるわけにはいかなくなる。つまり、人間においては、暗黙知が制約的に働く可能性もあるということだ。暗黙知が自意識を持つ、とでもいえばいいのだろうか。それは人間にとってのあるべき実在《リアリティ》について考えるようになる。それは思考によって形成される究極の暗黙知であり、たぶんそれをポランニーは「倫理」と呼ぶのだと思う。それまでの条件のすべてを構成要素として包括される最後の実在、それは倫理なのだ。

ポストモダニズムは、永遠の懐疑を口実に、実在との絆を断った「テクスト」の世界に遊び、結果的に社会に対して無責任を決め込みかねなかった。しかし暗黙知は社会に対する責任を強調する。暗黙知は、低次から高次のレベルへ志向するだけではなく、個人から社会へ志向するものでもあるからだ。暗黙知が社会的なものでもあるのなら、それが倫理的であって何の不思議もない。

マイケル・ポランニーは一八九一年にブダペストのユダヤ人家庭に生まれた。兄のカールは著名な経済人類学者である。マイケルはブダペスト大学で医学を学び、第一次世界大戦中は軍の診療所に勤務したが、戦後はカイザー・ウィルヘルム協会繊維化学研究所所員として化学反応機構や反応速度論などの研究に従事している。この頃、すでに世界的な物理化学者としの地位を確立していたのだという。一九三三年、ナチスによるユダヤ人公職追放令の影響もあって英国に亡命し、マンチェスター大学物理化学教授になる。その後、三五年にはモスクワを訪問し、ソ連共産党の理論的指導者ブハーリンと小さな議論を交わしている。本書にも書かれているが、このブハーリンとの議論が決定的な契機になって、ポランニーは科学哲学へと探求を転じていったのだという。そして物理化学から科学哲学への大転身を象徴するように、四八年、ポランニーはマンチェスター大学社会学部教授に就任したのである。

若い頃は社会主義的な活動歴もあったというポランニーにとって、三五年のブハーリンとの議論は相当にショックだったのだろう。科学は党の五カ年計画に奉仕すべきだと説いて、事もあろうに科学の自立性を否定するブハーリンの姿に彼が見たのは、人間を置き忘れた機械論的世界観と教条主義的な道徳が結合した「狂信」だった。中世的な権威と因襲から人間の知を解放し、幾多の社会的改良をもたらした科学の底を流れていた精神は、懐疑主義（＝無神論）である。しかし懐疑主義は、一方で物質的必然の「狂信」に帰着し、他方で「荒地」を、つまり人間の心に倫理的な空白をもたらさずにはいなかった。「革命」という千年説的なユートピア主義は、その空白を埋めるものだったのである。

またポランニーが暗黙知の哲学を練り上げていた四〇、五〇年代は、実存主義哲学が隆盛した時代でもあった。実存主義も二十世紀の「荒地」に対処しようとするものだった。ポランニーは共産主義のみならず、この実存主義にも脅威を感じていた。なぜならポランニーの目に、実存主義は人間の明示的な自己決定を絶対化するもののように映ったからである。懐疑主義によって解体し尽くされた世界を一身に背負った人間は、ささやかな寄る辺すらもなく、ただ自己を絶対化して世界の不条理に向かって投企していくしかなかったのである。

現実の共産主義社会の人間破壊と実存主義者の絶望を目の当たりにするとき、ポランニーは、これらのいずれの道も誤っていると考えざるを得なかった。まなじりを決した共産主義も苦悶に顔を歪ませる実存主義も、ともに絶対的な完全主義に自閉してしまっている。しかし完全主義は例外なく破壊的なのである。人間を破壊する知が、金輪際、真実や善であるはずはなかったのだ。

ポランニーが共産主義と実存主義に共通するものとして見出したのは「人間不信」である。人間を信じていないから、逆に、「無誤謬の計画」や「絶対的な自己決定」に自閉してそれを盲信しようとするのだ。人間不信は近代の明示的な懐疑主義（=無神論）の所産に他ならない。それは明示的ならざる人間に明示性を過酷に求めていく限りは、つまり根拠に解消しきれない人間の根拠を過酷に突き詰めていく限りは、いつしか行き着かずにはいない場所だったのである。

だから完全なる社会と完全なる道徳、この両者をともに克服しなければならない。ポランニーはそう考えたのだろう。

ポランニーの考えでは、暗黙知がその処方箋であった。彼は暗黙知の階層性と社会性が極端な完全主義を退けると考えた。暗黙知がある限り、人間はつねにより上位の「隠れた実在」を志向して、自らの知を更新し続けねばならない。つまり現行の知はいつまでたっても不完全なままなのである。現実はつねに次の段階の構成要素でしかないということだ。また、個人と社会の間にもそれと同種の階層性が存在する。つまり諸個人はつねに社会の構成要素であって、それ自体の決定を絶対化することはできないのだ。ポランニーはこの「社会」というものを割りとナイーヴに信頼している。たとえば科学界という社会が個々の科学者の発見を全体としてみれば公正に評価して、科学界全体の発展を実現してきた事実を信じているのだ。たしかにそういう社会では個人の絶対化も完全化も、あまりありえないだろうとは思う。

本書の背景には、明らかにソビエト帝国の暗い影と実存主義の隆盛という時代の空気がある。しかしそれは遠い過去の時代の例外的な空気にすぎないと言えるだろうか？実存主義が前提とする「世界の不条理」、つまり私たちが生きている世界はさしたる意味を持たないという信憑は、もう現在の私たちとは無縁な信憑だと言えるだろうか？たとえば今さら世界に意味はないなどと叫んでも、誰も振り向いたりはしないだろう。しかもそれは、今の世界に過不足なく意味が充塡されているからではない。たぶん私たちは今でも世界にはさしたる意味はないと信じており、その点では実存主義が流行った時代とあまり変わらない。ただ実存主義が流行った時代には、そうした世界が何かしら不完全なもの、本来的なものから外れたもの、堕ちたもの、不幸なものと感じられ、人間を絶望や自暴自棄の身振りに追いやったり、果ては自己決定を絶対化するための明示的な「根拠」になっていたのだ。今の私たちはもう世界に意味（＝根拠）がないらしいことに、別段驚いたり悲しんだりはしない。高度消費社会というのは、むしろそうした生真面目な意味からの解放を原動力にしているようですらあるし、私たちの小さくない部分もそれを容認し、謳歌しているようですらある。しかし少しだけ周囲に眼を凝らせば、無意味な世界に対する処方箋として分かりやすい信念や伝統や民族が考案され、それに自閉しようとする個人や集団が跡を絶たないという事実が見えてはこないだろうか？　もしかしたら意識無意識を問わず意味への飢餓が私たちの中で小さな呻き声を発してはいないだろうか？

厳格な懐疑主義が正しい方法と信じられているときには、曖昧模糊たる人間などいかがわしいもの以外の何ものでもなかったかもしれない。しかしポランニーが可能性を見出したのはまさにその人間の曖昧さ、不確定さ、未決定さに他ならなかった。不確定なものを信じるからといっても、暗黙知は決して神秘主義ではない。ポランニーの暗黙知は明示化し難い人間のポテンシャルに依拠するものだが、明示的根拠を否定するわけではない。それどころか、むしろ、入手可能な明示的根拠があれば大いにそれを活用して、暗黙知の精度を高めようとすら考える。科学者としてのポランニーは、変化や進化の方法としての暗黙知を科学的に位置づけようとしているだけなのだ。しかし哲学者としてのポランニーは、暗黙知によって、人間と宇宙を貫く倫理の構築を夢想していたのだと思う。

ハンガリー生まれのマイケル・ポランニーの母国語がマジャール語だったのかドイツ語だったのか判然としないが、そのせいなのだろうか、あるいは厳密を期そうという科学者の職業的性分なのだろうか、彼の英語は何しろ諦めのわるいしろものであった。補足的な句や節が樹木の枝のように果てしなく分岐していく文章は、英語で読む分にはむしろ分かりがいいくらいなのだが、結論をいちばん後ろに持ってくるという日本語のシンタックスとはなかなか相容れないものがある。むろん訳文を作る際には、適当にぶった切ってある。しかしこうしたポランニーの文章の往生際の悪さは、ある意味で彼の思考の構造を物語るものでもあった。ある漠たる「予期」を持って思考を始めるのだが、その進行過程でさまざまな要素が付加されて、段々に一つの全体的な意味が達成されていく。むろんそれは首尾よくいった場合の話である。じっさいは発端の場所を変え、切り口を変え、それが幾度も繰り返されていく。暗黙知はすぐれて実践的=試行的な知なのだが、まるでそれのひとつの模範的実例を見ているようだ。潜在的意味に誘われて、前のめりに頭を働かせるのだが、確たる成否については、とにかく書いてしまわないと分からない。だから読者もいっしょに動かないといけない。そういう文章であったと思う。

前にも触れたが、本書にはすでに佐藤敬三氏の訳文が存在する。内容をよく理解された上でていねいに訳された労作であったと思う。むろん訳者も一再ならず参照させていただいた。この場でお礼申し上げます、ありがとうございました。

ところで幾つかの語彙については、今回、佐藤氏の既訳とは異なる訳語を与えてある。すでに前の訳書を出所にして多くの論考が流通していることでもあり、二つの重要な語彙についてはここで改めてその異同を指摘しておきたい。

一つ目は particulars である。佐藤氏はこれを「諸細目」と訳されているが、今回、訳者は「(個々の)諸要素」とした。どちらでも良いようなものだが、諸細目の「細」という字面が気になった、それだけのことである。二つ目は commitment である。佐藤氏は「傾倒」とされているが、どうも一方的な印象が強い。暗黙知の双方向性と退っ引きならなさを何とか伝えたい。そこで今回は「掛かり合い」とした。「しがらみ」でもわるくはなかったのだが、ちょっと下世話にすぎるかなと思い、それは中止した。

こうした訳文の語彙の問題を始めとして、その他、内容理解の不行き届きや、思わぬ訳し間違いがあったかもしれない。読者の指摘を待ちたい。

さて、じつは今回のマイケル・ポランニー再発見（？）の手柄は、学芸文庫編集長の渡辺英明氏のものである。訳者はそれに同伴したにすぎない（ちょっと情けない……）。本書については、訳者も二十年ほど前に読んだことはあったのだが、実際に訳し直してみるまでその現代性に充分には思い至らなかった。しかも二十年前には半分も読まないうちにダウンしている。だから今回は、いっそう、少しでも分かりやすい日本語に直そうと努力した。しかし努力しても小さなボロは出る。そのボロが繕われてより正確なものになっていたとすれば、その手柄は筑摩書房の校閲部と担当編集者の天野裕子氏のものである。それぞれの方々に感謝します。

二〇〇三年十一月

高橋勇夫

索引

本書は、ちくま学芸文庫のために訳しおろしたものである。

道教とはなにか　坂出祥伸

「道教がわかれば、中国がわかる」と魯迅は言った。伝統宗教として現在でも民衆に根強く崇拝されている道教の全貌とその究極的真理を詳らかにする。

増補 日蓮入門　末木文美士

多面的な思想家、日蓮。権力に挑む宗教家、内省的な理論家、大らかな夢想家など、人柄に触れつつ遺文を読解き、思想世界を探る。（花野充道）

反・仏教学　末木文美士

人間は本来的に、公共の秩序に収まらないものを抱えた存在だ。〈人間〉の領域＝倫理を超えた他者／死者との関わりを、仏教の視座から問う。

禅に生きる 鈴木大拙コレクション　鈴木大拙 守屋友江編訳

静的なイメージで語られることの多い大拙。しかし彼の仏教は、この世をよりよく生きていく力を与えるアクティブなものだった。その全貌に迫る著作選。

文語訳聖書を読む　鈴木範久

明治期以来、多くの人々に愛読されてきた文語訳聖書。名句の数々とともに、日本人の精神生活と表現世界を豊かにした所以に迫る。文庫オリジナル。

空海入門　竹内信夫

空海が生涯をかけて探求したものとは何か――。稀有な個性への深い共感を基に、著作の入念な解釈と現地調査によってその真実へ迫った画期的入門書。

原始仏典　中村元

釈尊の教えを最も忠実に伝える原始仏教の諸経典の数々。そこから、最重要な教えを選りすぐり、極めて平明な注釈で解く。（宮元啓一）

原典訳 原始仏典（上）　中村元編

原パーリ文の主要な聖典を読みやすい現代語訳で。上巻には「偉大なる死」（大パリニッバーナ経）「本生経」「長老の詩」などを抄録。

原典訳 原始仏典（下）　中村元編

下巻には「長老尼の詩」「アヴァダーナ」「百五十讃」「ナーガーナンダ」などを収める。ブッダのことばに触れることのできる最良のアンソロジー。

増補 チベット密教　ツルティム・ケサン 正木晃

インド仏教に連なる歴史、正統派・諸派の教義、個性的な指導者、性的ヨーガを含む修行法。真実の姿を正確に分かり易く解説。（上田紀行）

密教　正木晃

謎めいたイメージが先行し、正しく捉えづらい密教。その歴史・思想から、修行や秘儀、チベットの性的ヨーガまでを、明快かつ端的に解説する。

増補 性と呪殺の密教　正木晃

性行為を用いた修行や呪いの術など、チベット密教に色濃く存在する闇の領域。知られざるその秘密に分け入り、宗教と性・暴力の関係を抉り出す。

大嘗祭　真弓常忠

天皇の即位儀礼である大嘗祭は、秘儀であるがゆえ多くの謎が存在し、様々な解釈がなされてきた。歴史的由来や式次第を辿り、その深奥に迫る。

正法眼蔵随聞記　水野弥穂子訳

日本仏教の最高峰・道元の人と思想を理解するうえで最良の入門書。厳密で詳細な注、わかりやすく正確な訳を付した決定版。（増谷文雄）

空海　宮坂宥勝

現代社会における思想・文化のさまざまな分野から注目をあつめている空海の雄大な密教体系！　空海密教研究の第一人者による最良の入門書。

一休・正三・白隠　水上勉

乱世に風狂一代を貫いた一休。武士道を加味した禅をとなえた鈴木正三。諸国を行脚し教化につくした白隠。伝説の禅僧の本格評伝。（柳田聖山）

治癒神イエスの誕生　山形孝夫

「病気」に負わされた「罪」のメタファから人々を解放すべく闘ったイエス。古代世界から連なる治癒神の系譜をもとに、イエスの実像に迫る。

読む聖書事典　山形孝夫

聖書を知るにはまずこの一冊！　重要な人名、地名、エピソードをとりあげ、キーワードで物語の流れや深層がわかるように解説した、入門書の決定版。

「思春期を考える」ことについて　中井久夫
表題作の他「教育と精神衛生」などに加えて、豊かな視野と優れた洞察を物語る「サラリーマン労働」や「病跡学と時代精神」などを収める。（滝川一廣）

「伝える」ことと「伝わる」こと　中井久夫
精神が解体の危機に瀕した時、それを食い止めるのが妄想である。解体か、分裂か。その時、精神はよりましな方として分裂を選ぶ。（江口重幸）

私の「本の世界」　中井久夫
精神医学関連書籍の解説、『みすず』等に掲載の年間読書アンケート等とともに、大きな影響を受けたヴァレリーに関する論考を収める。（松田浩則）

モーセと一神教　ジークムント・フロイト　渡辺哲夫訳
ファシズム台頭期、フロイトはユダヤ民族の文化基盤ユダヤ教に対峙する。自身の精神分析理論を揺るがしかねなかった最晩年の挑戦の書物。

悪について　エーリッヒ・フロム　渡会圭子訳
私たちはなぜ生を軽んじ、自由を放棄し、進んで悪に身をゆだねてしまうのか。人間の本性を克明に描き出した不朽の名著、待望の新訳。（出口剛司）

ラカン入門　向井雅明
複雑怪奇きわまりないラカン理論。だが、概念や理論の歴史的変遷を丹念にたどれば、その全貌を明快に理解できる。『ラカン対ラカン』増補改訂版。

引き裂かれた自己　R・D・レイン　天野衛訳
統合失調症とは、苛酷な現実から自己を守ろうとする決死の努力である。患者の世界に寄り添い、反精神医学の旗手となったレインの主著、改訳版。

素読のすすめ　安達忠夫
素読とは、古典を繰り返し音読すること。内容の理解は考えない。言葉の響きやリズムによって感性を耕し、学びの基礎となる行為を平明に解説する。

言葉をおぼえるしくみ　今井むつみ　針生悦子
認知心理学最新の研究を通し、こどもが言葉や概念を覚えていく仕組みを徹底的に解明。さらにその仕組みを応用した外国語学習法を提案する。

間主観性の現象学　その方法
エトムント・フッサール
浜渦辰二／山口一郎監訳
主観や客観、観念論や唯物論を超えて「現象」そのものを解明したフッサール現象学の中心課題。現代哲学の大きな潮流「他者」論の成立を促す。本邦初訳。

間主観性の現象学II　その展開
エトムント・フッサール
浜渦辰二／山口一郎監訳
フッサール現象学のメインテーマ第II巻。自他の身体の構成から人格的生の精神共同体までを分析し、真の関係性を喪失した孤立する実存の限界を克服。

間主観性の現象学III　その行方
エトムント・フッサール
浜渦辰二／山口一郎監訳
間主観性をめぐる方法、展開をへて、その究極の目的（行方）が、真の人間性の実現に向けた普遍的目的論として呈示される。壮大な構想の完結篇。

内的時間意識の現象学
エトムント・フッサール
谷　徹　訳
時間は意識のなかでどのように構成されるのか。哲学・思想・科学に大きな影響を及ぼしている名著の新訳。詳密な訳注を付し、初学者の理解を助ける。

風土の日本
オギュスタン・ベルク
篠田勝英　訳
自然を神の高みに置く一方、無謀な自然破壊をする日本人の風土とは何か？　フランス日本学の第一人者による画期的な文化・自然論。（坂部恵）

ベンヤミン・コレクション1
ヴァルター・ベンヤミン
浅井健二郎編訳
久保哲司訳
ゲーテ『親和力』論、アレゴリー論からボードレール論を経て複製芸術論まで、ベンヤミンにおける近代の意味を問い直す、新訳のアンソロジー。

ベンヤミン・コレクション2
ヴァルター・ベンヤミン
浅井健二郎編訳
三宅晶子ほか訳
中断と飛躍を恐れぬ思考のリズム、巧みに布置された理念やイメージ。手仕事的細部に感応するエッセイの思想の新編・新訳アンソロジー、第二集。

ベンヤミン・コレクション3
ヴァルター・ベンヤミン
浅井健二郎編訳
久保哲司訳
過去／現在を思いだすこと――独自の歴史意識に貫かれた《想起》実践の各篇「一方通行路」「ドイツの人びと」「ベルリンの幼年時代」などを収録。

ベンヤミン・コレクション4
ヴァルター・ベンヤミン
浅井健二郎編訳
土合文夫ほか訳
〈批評の瞬間〉における直観の内容をきわめて構成的に叙述したベンヤミンの諸論考――初期の哲学的思索から同時代批評まで――を新訳で集成。

ベンヤミン・コレクション5
ヴァルター・ベンヤミン
浅井健二郎編訳
土合文夫ほか訳
文学、絵画、宗教、映画——主著と響き合い、新たな光を投げかけるベンヤミン〈思考〉の断片を立体的に集成。新編・新訳アンソロジー、待望の第五弾。

ベンヤミン・コレクション6
ヴァルター・ベンヤミン
浅井健二郎編訳
久保哲司ほか訳
ソネット、未完の幻想小説風短編など、ベンヤミンの知られざる創作世界を収録。『パサージュ論』成立の背後を明かすメモ群が注目の待望の第六弾。

ベンヤミン・コレクション7
ヴァルター・ベンヤミン
浅井健二郎編訳
文人たちとの対話を記録した日記、若き日の履歴書、死を覚悟して友人たちに送った手紙——20世紀を代表する評論家の個人史から激動の時代精神を読む。

ドイツ悲劇の根源（上）
ヴァルター・ベンヤミン
浅井健二郎訳
〈根源〉へのまなざしが、〈ドイツ・バロック悲劇〉という天窓を通して見る、存在と歴史の〈星座〉（状況布置）。ベンヤミンの主著の新訳決定版。

ドイツ悲劇の根源（下）
ヴァルター・ベンヤミン
浅井健二郎訳
上巻「認識批判的序章」「バロック悲劇とギリシア悲劇」に続けて、下巻は「アレゴリーとバロック悲劇」に、関連の参考論文を付して、新編でおくる。

パリ論／ボードレール論集成
ヴァルター・ベンヤミン
浅井健二郎編訳
久保哲司／土合文夫訳
『パサージュ論』を構想する中で書きとめられた膨大な覚書を中心に、パリをめぐる考察を一冊に凝縮。ベンヤミンの思考の核を明かす貴重な論考集。

意識に直接与えられたものについての試論
アンリ・ベルクソン
合田正人／平井靖史訳
強度が孕む〈質的差異〉、自我の内なる〈多様性〉からこそ、自由な行為は発露する。後に『時間と自由』の名で知られるベルクソンの第一主著。新訳。

物質と記憶
アンリ・ベルクソン
合田正人／松本力訳
観念論と実在論の狭間でイマージュへと焦点があてられる。心脳問題への関心の中で、今日さらに重要性が高まる、フランス現象学の先駆的著書。

創造的進化
アンリ・ベルクソン
合田正人／松井久訳
生命そして宇宙は「エラン・ヴィタル」を起爆力に、自由な変形を重ねて進化してきた——。生命概念を刷新したベルクソン思想の集大成的主著。

道徳と宗教の二つの源泉
アンリ・ベルクソン
合田正人／小野浩太郎訳
閉じた道徳／開かれた道徳、静的宗教／動的宗教への洞察から、個人のエネルギーが人類全体の倫理的行為へ向かう可能性を問う。最後の哲学的主著新訳。

笑い
アンリ・ベルクソン
合田正人／平賀裕貴訳
「おかしみ」の根底には何があるのか。主要四著作に続き、多くの読者に読みつがれてきた本著作の最新訳。主要著作との関連も俯瞰した充実の解説付。

精神現象学（上）
G・W・F・ヘーゲル
熊野純彦訳
人間精神が、感覚的経験という低次の段階から「絶対知」へと至るまでの壮大な遍歴を描いた不朽の名著。平明かつ流麗な文体による決定版新訳。

精神現象学（下）
G・W・F・ヘーゲル
熊野純彦訳
人類知の全貌を綴った哲学史上の一大傑作。四つの原典との頁対応を付し、著名な格言を採録した索引を巻末に収録。従来の解釈の遥か先へ読者を導く。

象徴交換と死
J・ボードリヤール
今村仁司／塚原史訳
すべてがシミュレーションと化した高度資本主義像を鮮やかに提示し、〈死の象徴交換〉による、その内部からの〈反乱〉を説く、ポストモダンの代表作。

永遠の歴史
J・L・ボルヘス
土岐恒二訳
巨人ボルヘスの時間論を中心とした哲学的エッセイ集。宇宙を支配する円環的時間を古今の厖大な書物に分け入って論じ、その思想の根源を示す。

経済の文明史
カール・ポランニー
玉野井芳郎ほか訳
市場経済社会は人類史上極めて特殊な制度的所産である——非市場社会の考察を通じて経済人類学に大転換をもたらした古典的名著。（佐藤光）

経済と文明
カール・ポランニー
栗本慎一郎／端信行訳
文明にとって経済とは何か。18世紀西アフリカ・ダホメを舞台に、非市場社会の制度的運営とその原理を明らかにした人類学の記念碑的名著。

暗黙知の次元
マイケル・ポランニー
高橋勇夫訳
非言語的で包括的なもうひとつの知。創造的な科学活動にとって重要な〈暗黙知〉の構造を明らかにしつつ、人間と科学の本質に迫る。新訳。

現代という時代の気質
エリック・ホッファー
柄谷行人訳
群れず、熱狂に翻弄されることなく、しかし自分自身の内にこもることなしに、人々と歩み、権力と向きあっていく姿勢を、省察の人・ホッファーに学ぶ。

知恵の樹
H・マトゥラーナ／F・バレーラ
管啓次郎訳
生命を制御対象ではなく自律主体とし、自己創出を良き環と捉え直した新しい生物学。現代思想に影響を与えたオートポイエーシス理論の入門書。

社会学的想像力
C・ライト・ミルズ
伊奈正人／中村好孝訳
なぜ社会学を学ぶのか。抽象的な理論や微細な調査に明け暮れる現状を批判し、個人と社会を架橋する学という原点から問い直す重要古典、待望の新訳。

メルロ=ポンティ・コレクション
M・メルロ=ポンティ
中山元編訳
意識の本性を探究し、生活世界の現象学的記述を実存主義的に企てたメルロ＝ポンティ。その思想の粋を厳選して編んだ入門のためのアンソロジー。

知覚の哲学
モーリス・メルロ=ポンティ
菅野盾樹訳
時代の動きと同時に、哲学自体も大きく転身した。それまでの存在論の転回を促したメルロ＝ポンティ哲学と現代哲学の核心を自ら語る。

悪魔と裏切者
山崎正一
串田孫一
ルソーとヒュームのどうしようもないケンカの記録。いったいこの人たちはなぜ……。二人の大思想家の常軌を逸した言動を読む。（重田園江）

われわれの戦争責任について
カール・ヤスパース
橋本文夫訳
時の政権に抗いながらも「侵略国の国民」となってしまった人間は、いったいにどう戦争の罪と向き合えばよいのか。戦争責任論不朽の名著。（加藤典洋）

哲学入門
バートランド・ラッセル
髙村夏輝訳
誰にも疑えない確かな知識など、この世にあるのだろうか。近代哲学が問い続けてきた諸問題を、これ以上なく明確に説く哲学入門書の最高傑作。

論理的原子論の哲学
バートランド・ラッセル
髙村夏輝訳
世界は原子的事実で構成され論理的分析で解明しうる――急速な科学進歩の中で展開する分析哲学。現代哲学史上あまりに名高い講演録、本邦初訳。

現代哲学
バートランド・ラッセル
高村夏輝訳
世界の究極的あり方とは？　そこで人間はどう描けるのか？　現代哲学の始祖が、哲学と最新科学の知見を総動員。統一的な世界像を提示する。本邦初訳。

存在の大いなる連鎖
アーサー・O・ラヴジョイ
内藤健二訳
西洋人が無意識裡に抱き続けてきた「存在の大いなる連鎖」という観念。その痕跡をあらゆる学問分野に探り「観念史」研究を確立した名著。（高山宏）

自発的隷従論
エティエンヌ・ド・ラ・ボエシ
山上浩嗣訳
西谷修監修
圧制は、支配される側の自発的な隷従によって永続する――支配・被支配構造の本質を喝破した古典的名著。20世紀の代表的な関連論考を併録。（西谷修）

自己言及性について
ニクラス・ルーマン
土方透／大澤善信訳
国家、宗教、芸術、愛……。私たちの社会を形づくるすべてを動態的・統一的に扱う理論は可能か？　20世紀社会学の頂点をなすルーマン理論への招待。

中世の覚醒
リチャード・E・ルーベンスタイン
小沢千重子訳
中世ヨーロッパ、一人の哲学者の著作が人々の思考様式と生活を根底から変えた――。「アリストテレス革命」の衝撃に迫る傑作精神史。（山本芳久）

レヴィナス・コレクション
エマニュエル・レヴィナス
合田正人編訳
人間存在と暴力について、独創的な倫理にもとづく存在論哲学を展開し、現代思想に大きな影響を与えているレヴィナス思想の歩みを集大成。

実存から実存者へ
エマニュエル・レヴィナス
西谷修訳
世界の内に生きて「ある」とはどういうことか。存在は「悪」なのか。初期の主著にしてアウシュヴィッツ以後の哲学的思索の極北を示す記念碑的著作。

倫理と無限
・レヴィナス
西山雄二訳
自らの思想の形成と発展を、代表的著作にふれながら語ったインタビュー。平易な語り口で、自身によるレヴィナス思想の解説とも言える魅力的な一冊。

仮面の道
C・レヴィ＝ストロース
山口昌男／渡辺守章／渡辺公三訳
北太平洋西岸の原住民が伝承する仮面。そこに反映された神話世界を、構造人類学のラディカルな理論で切りひらいて見せる。増補版を元にした完全版。

黙示録論　D・H・ロレンス　福田恆存 訳

抑圧が生んだ歪んだ自尊と復讐の書「黙示録」を読みとき、現代人が他者を愛することの困難とその克服を切実に問うた20世紀の名著。（高橋英夫）

考える力をつける哲学問題集　スティーブン・ロー　中山元 訳

宇宙はどうなっているのか？　心とは何か？　遺伝子操作は許されるのか？　多彩な問いを通し、「哲学する」技術と魅力を堪能できる対話集。

プラグマティズムの帰結　リチャード・ローティ　室井尚ほか 訳

真理への到達という認識論的欲求と、その呪縛からの脱却を模索したプラグマティズムの系譜。その戦いを経て、哲学に何ができるのか？　鋭く迫る！

知性の正しい導き方　ジョン・ロック　下川潔 訳

自分の頭で考えることはなぜ難しく、どうすればその困難を克服できるのか。近代を代表する思想家が、誰にでも実践可能な道筋を具体的に伝授する。

ニーチェを知る事典　渡邊二郎／西尾幹二 編

50人以上の錚々たる執筆者による「読むニーチェ事典」。彼の思想の深淵と多面的世界を様々な角度から描き出す。巻末に読書案内（清水真木）を増補。

概念と歴史がわかる 西洋哲学小事典　生松敬三／木田元／伊東俊太郎／岩田靖夫 編

各分野を代表する大物が解説する、ホンモノかつコンパクトな哲学事典。教養を身につけたい人、議論したい人、レポート執筆時に必携の便利な一冊！

命題コレクション　哲学　坂部恵／加藤尚武 編

ソクラテスからデリダまで古今の哲学者52名の思想について、日本の研究者がひとつの言葉（命題）を引用しながら丁寧に解説する。

命題コレクション　社会学　作田啓一／井上俊 編

社会学の生命がかよう具体的な内容を、各分野の第一人者が簡潔かつ読んで面白い48の命題の形で提示した、定評ある社会学辞典。（近森高明）

柳宗悦　阿満利麿

私財をなげうってまで美しいものの蒐集に奔走した柳宗悦。それほどに柳を駆り立てたのは、美が宗教的救済をもたらすという確信だった。（鈴木照雄）

論証のレトリック　浅野楢英

議論に説得力を持たせる術は古代ギリシアの賢人に学べ！　アリストテレスらのレトリック理論をもとに、論証の基本的な型を紹介する。（納富信留）

貨幣論　岩井克人

貨幣とは何か？　おびただしい解答があるこの命題に、『資本論』を批判的に解読することにより最終解答を与えようとするスリリングな論考。

二十一世紀の資本主義論　岩井克人

市場経済にとっての真の危機、それは「ハイパー・インフレーション」である。21世紀の資本主義のゆくえ、市民社会のありかたを問う先鋭的論考。

増補 ソクラテス　岩田靖夫

ソクラテス哲学の核心には「無知の自覚」と倫理的信念に基づく「反駁的対話」がある。その意味と構造を読み解き、西洋哲学の起源に迫る最良の入門書。

英米哲学史講義　一ノ瀬正樹

ロックやヒュームらの経験論は、いかにして功利主義、プラグマティズム、そして現代の正義論や分析哲学へと連なるのか。その歴史的展開を一望する。

規則と意味のパラドックス　飯田隆

言葉が意味をもつとはどういうことか？　言語哲学の難題に第一人者が挑み、切れ味抜群の議論で哲学的に思考することの楽しみへと誘う。

スピノザ『神学政治論』を読む　上野修

聖書の信仰と理性の自由は果たして両立できるか。スピノザはこの難問を、大いなる逆説をもって考え抜いた。『神学政治論』の謎をあざやかに読み解く。

倫理学入門　宇都宮芳明

倫理学こそ哲学の中核をなす学問だ。カント研究の大家が、古代ギリシアから始まるその歩みを三つの潮流に大別し、簡明に解説する。（三重野清顕）

知の構築とその呪縛　大森荘蔵

西欧近代の科学革命を精査することによって、二元論による世界の死物化という近代科学の陥穽を克服する方途を探る。（野家啓一）

物と心　大森荘蔵

対象と表象、物と心との二元論を拒否し、全体としての立ち現われが直にあるとの「立ち現われ一元論」を提起した、大森哲学の神髄たる名著。（青山拓央）

思考と論理　大森荘蔵

人間にとって「考える」とはどういうことか？　日本を代表する哲学者が論理学の基礎と、自分の頭で考える力を完全伝授する珠玉の入門書。（野家啓一）

歴史・科学・現代　加藤周一

知の巨人が、丸山真男、湯川秀樹、サルトルをはじめとする各界の第一人者とともに、戦後日本の思想と文化を縦横に語り合う。（鷲巣力）

『日本文学史序説』補講　加藤周一

文学とは何か、〈日本的〉とはどういうことか、不朽の名著について、著者自らが縦横に語った講義録。大江健三郎氏らによる「もう一つの補講」を増補。

沈黙の宗教――儒教　加地伸行

日本人の死生観の深層には生命の連続を重視する儒教がある。墓や位牌、祖先祭祀などの機能と構造や歴史を読み解き、儒教の現代性を解き明かす。

中国人の論理学　加地伸行

毛沢東の著作や中国文化の中から論理学上の中国的特性を抽出し、中国人が二千数百年にわたって追求してきた哲学的主題を照らし出すユニークな論考。

基礎講座 哲学　木田元　須田朗 編著

日常の「自明と思われていること」にはどれだけ多くの謎が潜んでいるのか。哲学の世界に易しく誘い、その歴史と基本問題を大づかみにした名参考書。

あいだ　木村敏

自己と環境との出会いの原理である共通感覚「あいだ」。その構造をゲシュタルトクライス理論および西田哲学を参照しつつ論じる好著。（谷徹）

自分ということ　木村敏

自己と時間の病理をたどり、存在者自己と自己の存在それ自体の間に広がる「あいだ」を論じる木村哲学の入門書。（小林敏明）

自己・あいだ・時間　木村敏
間主観性の病態である分裂病に「時間」の要素を導入し、現象学的思索を展開する。精神病理学者である著者の代表的論考を収録。（野家啓一）

分裂病と他者　木村敏
分裂病者の「他者」問題を徹底して掘り下げた木村精神病理学の画期的論考。「あいだ＝いま」を見つめ開かれる「臨床哲学」の地平。（坂部恵）

新編 分裂病の現象学　木村敏
分裂病を人間存在の根底に内在する自己分裂に根差すものと捉え、現象学的病理学からその自己意識や時間体験に迫る、木村哲学の原型。（内海健）

ドイツ観念論とは何か　久保陽一
ドイツ観念論は「疾風怒濤」の時代を担った様々な思想家たちとの交流から生まれたものだった。その実情を探り、カント以後の形而上学の可能性を問う。

レヴィナスを読む　合田正人
アウシュヴィッツという異常な事態を経験した人間の運命と向き合う思想家レヴィナス。その眼差しを通し、他者・責任など時代の倫理を探る。

増補改訂 剣の精神誌　甲野善紀
千回を超す試合に一度も敗れなかった江戸中期の天才剣客真里谷円四郎。その剣技の成立過程に焦点を当て、日本の「武」の精神文化の深奥を探る。

増補 民族という虚構　小坂井敏晶
〈民族〉は、いかなる構造と機能を持つのか。血縁・文化連続性・記憶の再検証によって我々の常識を覆し、開かれた共同体概念の構築を試みた画期的論考。

朱子学と陽明学　小島毅
近世儒教を代表し、東アジアの思想文化に多大な影響を与えた朱子学と陽明学。この二大流派の由来と実像に迫る。通俗的理解を一蹴する入門書決定版！

増補 靖国史観　小島毅
靖国神社の思想的根拠は、神道というよりも儒教にある！　幕末・維新の思想史をたどり近代史観の独善性を暴き出した快著の増補決定版。（與那覇潤）

ちくま学芸文庫

暗黙知《あんもくち》の次元《じげん》

二〇〇三年十二月十日　第一刷発行
二〇二三年十月十日　第二十一刷発行

著者　マイケル・ポランニー
訳者　高橋勇夫（たかはし・いさお）
発行者　喜入冬子
発行所　株式会社　筑摩書房
東京都台東区蔵前二―五―三　〒一一一―八七五五
電話番号　〇三―五六八七―二六〇一（代表）
装幀者　安野光雅
印刷所　三松堂印刷株式会社
製本所　三松堂印刷株式会社

乱丁・落丁本の場合は、送料小社負担でお取り替えいたします。
本書をコピー、スキャニング等の方法により無許諾で複製することは、法令に規定された場合を除いて禁止されています。請負業者等の第三者によるデジタル化は一切認められていませんので、ご注意ください。
© ISAO TAKAHASHI 2003 Printed in Japan
ISBN4-480-08816-4 C0110